Kirschen und Kirsch

Lucas Rosenblatt Lukas Fassbind

Kirschen und Kirsch

FONA

www.fona.ch
Verantwortlich für das Lektorat: Léonie Haefeli-Schmid
Gestaltung Umschlag (Reihencharakter): Dora Eichenberger-Hirter, Birrwil
Gestaltung Inhalt: Daniela Friedli Dossenbach, FonaGrafik
Fotos: Jules Moser, Bern (alle Foodfotos, Impressumseite, Seiten 30, 52, 76); Forschungsanstalt Agroscope, Changins-Wädenswil ACW, Wädenswil (Seiten 12, 13, 14, 15), Lukas Fassbind (Einführung, ohne Seiten 12 bis 15)
Text Seite 29 (Kombinationen): Diwisa Distillerie Willisau SA
Lithos: Petra Niederberger, FonaGrafik
Druck und Bindung: Offizin Andersen Nexö, Leipzig

ISBN 978-3-03780-338-7

Inhalt

Ein großes Märsi

Globus Luzern stellte für die Foodfotos Teller, Gläser und Accessoires zur Verfügung.

Dani Weltin hat mich beim Testkochen unterstützt.

Meiner Tochter Nadine hat mein Küchenlatein «übersetzt».

Birgit Henseleit verdanke ich das Rezept der Donauwellen und kreative Inputs.

Lucas Rosenblatt

Herzlichen Dank

Mein Dank geht an die Menschen, die mich über Jahre direkt und indirekt begleitet, inspiriert und unterstützt haben: Irmela Fassbind, Siegfried Fassbind senior, Siegfried Fassbind junior, Cécile Fassbind, Hubertine und Franz Ruder-Underberg, Christiane und Emil Underberg, Franz Xaver Dettling, Toni Eberhart, Helga Buchter, Thomas Heiner, Hans Etter, Ursula und Adolf Gisler, Josef Bürgi, Hanneliese und Josef Wohlschlager, Walter Schibig, Lorenz Humbel, Toni Z'graggen, Andrea Baumgartner, Hans Nebiker, Ruedi Käser, Klemenz Amstutz, Fritz Kobel, Erich Lüönd, Max Gisler, Josef Zwyer, Alfred Schwab, Michael Birrer, Walter Bösch, Fredy Eggenschwiler, Bernadette Galliker, Stefan Bodmer, Hubertus Vallendar, Wolfram Ortner, Gabriela Gerber, Josiane Enggasser, Fidel Kenel, Josef Zwyssig, Pius Kamer, Karl Weber, Armin Kamer, Regina und Josef Reichmuth, Walter Fässler, Toni und Hanni Kamer, Meinrad Abegg, Paul Reichlin, Dominik Linggi, Walter Fischlin, Ruedi Schuler, Fritz Etter, Kuno Bürgi, Urs Hecht, Peter Dürr, Konrad Gmünder, Alois Immoos, Christian Aschwanden, Erich Keller und nicht zuletzt Lucas Rosenblatt für seine nicht alltäglichen Kirschen- und Kirschkompositionen.

Herzlichen Dank der Forschungsanstalt Agroscope, Changins-Wädenswil ACW, Wädenswil, der Obsthandelsvereinigung Baselland, der Eidgenössischen Alkoholverwaltung, dem Schweizerischen Obstverband, Distiswiss, dem Spirituosenverband, der Fachschule Richemont, Fructus, pro specie rara, dem Schweizerischen Brennerverband.

Lukas Fassbind

Liebe Kirschen- und Kirschfreunde

Wollen Sie einen Kirschbrenner beleidigen? Dann verwenden Sie das Wort «Schnaps». Das Wort «Schnaps» bezeichnet seit dem 18. Jahrhundert einen ordinären Branntwein. Ursprünglich bedeutete es «einen Gaumen voll» oder einen schnellen Schluck, wie er beim schnellen Branntweintrinken üblich ist. «Schnaps» kommt von «schnappen», also etwas packen und hinunterkippen. Kirschwasser aber hat rein gar nichts mit schnellem «Rausch-» oder «Kampftrinken» zu tun. Oder haben Sie schon je einen betrunkenen Kirschliebhaber gesehen?

Zum Genießen von hochwertigem Kirschwasser muss man Zeit und Musse haben. Nippen Sie Edelkirschbrände, Tröpfchen für Tröpfchen, Kirsche für Kirsche, langsam, sehr langsam.

Was für den Schotten der Whisky, den Franzosen der Cognac, den Engländer der Gin, den Russen der Wodka, den Kubaner der Rum, ist für uns Schweizer der Kirsch. Wir dürfen auf unser Kulturgut stolz sein. Es belebt den Geist, verwöhnt den Gaumen und fördert die Freundschaft unter Menschen, die sich für das herrliche Produkt einsetzen und es pflegen. Am Anfang von allem steht der Kirschenbaum, der zur Blüte, zur Reife und zur Zeit der Blattverfärbung im Herbst die Landschaft verschönert.

Lukas Fassbind

Woher kommt die Kirsche?

Die römische Version
Die Heimat der kultivierten Kirsche liegt vermutlich im Kaukasus und in Kleinasien. Wir verdanken die Edelkirsche dem Urahn der Gourmets, dem römischen Feldherrn Lucius Lucullus. Seine militärischen Errungenschaften sind längst vergessen, nicht aber seine Kriegsbeute. Er entdeckte die edle süße Kirsche 62 v. Chr. und brachte die ersten Kirschenbäumchen nach Rom. Sie hatten auf seinem Triumphwagen einen bevorzugten Platz. Die seiner Meinung nach kostbarste Kriegsbeute verbreiteten die Römer zuerst im Norden der Alpen, wo die Germanen die Kirschenkulturen weiterpflegten, dann in ganz Mitteleuropa.

Die Schwyzer Version
Die Urschweiz verfügte im 12. Jahrhundert kaum über Kulturland und war nur dünn besiedelt. Ein Großteil der heutigen Urschweizer Kantone waren buchstäblich von Wald überwachsen. Damals galt das Recht, dass wer Wald rodete und Land kultivierte, es «sein Eigen» nennen durfte. So geschah es, dass die damaligen Schwyzer Bauern und Hirten durch Rodungen über die Iberger-egg immer näher an das unter Habsburger Protektorat stehende Kloster Einsiedeln heranrückten. Das führte, wie könnte es anders sein, zu Spannungen. Eines Nachts überfielen die Eidgenossen die Mönche, sie plünderten das Kloster und verschleppten die Mönche nach Schwyz und steckten sie ins Gefängnis. Die Konsequenzen waren gravierend. Im Jahre 1315 schlugen die Eidgenossen die übermächtigen Habsburger in der Schlacht am Morgarten. Was für die Eidgenossen nicht voraussehbar war: Vom Papst persönlich wurde über die Schwyzer ein Bann gelegt, dass sie auf dieser Erde keiner heiligen Messe mehr beiwohnen und die Sakramente nicht mehr empfangen durften. Die schlauen Bauern nahmen den Bann sehr wörtlich, sie bauten eine zweistöckige Kirche und zelebrierten die Messe fortan im zweiten Stock. Diese Kirche ist in Schwyz «im Kirchl» hinter der Pfarrkirche noch heute zu sehen. Die tiefgläubigen Menschen konnten sich auf die Dauer mit diesem Zustand nicht abfinden. Papst Innozenz der Dritte gab ihnen die Chance, vom Bann befreit zu werden, wenn sie jeweils 2 Söhne jeder Familie für die Kreuzzüge stellten. In Kleinasien entdeckten die Schwyzer eine wunderbar schmeckende Frucht. Man geht davon aus, dass das Wort «Chriesi» von der pontischen Stadt Kérasos stammt. Überlebende brachten die «exotische» Frucht als Souvenir nach Hause und begannen, auf heimatlichem Boden Kirschenbäume zu kultivieren.

Sortenvielfalt und Sortenbestimmung

Die «Pomologie», die Obstkunde, ist keine exakte Wissenschaft. Sortenexperten erwerben ihr Wissen durch jahrelange praktische Erfahrung. Das exakte Arbeiten beim Vergleich von ähnlich aussehenden Früchten und eine kritische Haltung gegenüber der Vielzahl von Sortennamen, die im Volksmund überliefert, teils erfunden, verdreht und vermischt worden sind, erweisen sich aber als wichtige Orientierungshilfen, um Licht in die Vielzahl der Typen und Sortengruppen zu bringen. Es ist ein menschliches Bedürfnis, Vielfalt zu ordnen. Unzählige Versuche hat es in der Geschichte gegeben, natürliche und offenbar auch künstliche Systeme aufzubauen. Gelehrte wetteiferten um das beste System, verfeinerten ihre Einteilungen und versuchten auch Regeln für die Ausnahmen zu finden. Auf der anderen Seite hat das gemeine Volk Wortschöpfungen kreiert, die dem Alltag entsprungen sind, Sortengruppen nach praktischen Gesichtspunkten gebildet und auch ab und zu Namen von Gelehrten verdreht.

Die Methodik zur Sortenbestimmung
Für die Sortenbestimmung sind nebst gewissen Baumeigenschaften vor allem die Frucht und der Stein entscheidend. Für eine sichere Bestimmung benötigt man 20 bis 30 voll entwickelte

reife Früchte. Nach der ersten groben Klassierung werden für die definitive Bestimmung auch die speziellen Merkmale berücksichtigt. Mit Ausnahme der Gliederung in Süß- und Sauerkirschen – hier ist eine deutliche Abgrenzung möglich – sind die Übergänge in den meisten Fällen fließend. Eine eigentliche Klassifikation ist daher nicht möglich. Hilfreich für eine Gruppierung sind:

- relative Blütezeit
- relative Reifezeit
- Farbe der Fruchthaut und des Saftes
- Festigkeit des Fruchtfleisches
- Fruchtgröße
- Aussehen der vollreifen Frucht und des Steines
- mengenmäßiger Anteil von Frucht und Stein
- Ausprägung der Stielgrube
- Haftfestigkeit und Ausreißen des Stieles aus dem Fleisch
- Geschmack der vollreifen Frucht
- Spezielle Merkmale der Frucht und des Steines bei einzelnen Sorten

Andere Merkmale, wie die Dicke und Zähigkeit der Haut, die Stieldicke und -färbung, die Größe des Stempelpunktes oder die zahnartige Erhebung in der Ausrandung der Stielgrube, sind nicht konstant genug, um als verlässliche Merkmale zu gelten. Dennoch gibt es immer wieder Sorten, welche sich durch eines dieser Merkmale deutlich von den anderen unterscheiden. Lässt sich aufgrund dieser Kriterien die Sorte nicht bestimmen, wird auch der Kirschenkern noch untersucht. Ist der Stein rund, oval oder eiförmig? Wie ist die Morphologie des Steins? Wulstansatz, Nebenwülste, Zwischenwülste, Seitenwülste, Mittelwülste, Spitzchen? Wie sieht das Spitzchen aus? Gerades Spitzchen (z. B. Frühe Luxburger), hakiges Spitzchen (z. B. Beta), ohne Spitzchen (z. B. Lauerzer)?

Sortenvielfalt in Gefahr

In der Schweiz sind viele Kirschensorten bedroht. Allein der Sturm Lothar hat im Jahre 1999 20 % der Baumbestände in der Zentralschweiz vernichtet. Unwetter in den Berggebieten vernichteten 2005 einzigartige Sortenbestände wie zum Beispiel die sehr wertvolle Täflers Wildkirsche. Es gab davon weltweit drei Bäume. Dem Besitzer gelang es zwar, vom letzten Baum fünf Schosse zu retten und neu aufzupfropfen. Ob das für Nachwuchs reicht, ist noch offen.

Auch die Überalterung der Kirschenbäume bedroht die Sortenvielfalt. Viele Bäume werden zudem nicht mehr gepflegt, sie verlottern und gehen einfach vergessen.

Die hauptsächlichen Gründe für das Aussterben von Kirschensorten sind im wirtschaftlichen Umfeld zu finden. Die Nachfrage bestimmt den Preis und entscheidet über Sein oder Nichtsein. Bekommt der Obstproduzent keinen kostendeckenden Preis für die Früchte, wird er sich längerfristig gegen seine Obstkulturen entscheiden und seine Bäume fällen.

Sortenbestimmung

ein praktisches Beispiel

Das umfassende Standardwerk von Dr. Fritz Kobel aus dem Jahre 1937 über die Kirschensorten der deutschen Schweiz ist vor allem eine Bestandesaufnahme der bekannten 575 Sorten. Es ist ein wertvolles und sorgfältiges «Jäger- und Sammlerwerk», das nicht nur die Sorten beschreibt, sondern auch Bilder von Kirschen und Kirschensteinen enthält. Das Buch ist eine Schatzkammer und ein Zeitdokument über die Vielfalt der Schweizer Kirschenkultur. Wahrscheinlich könnte man dieses Buch als das Lebenswerk von Fritz Kobel und aus der Sicht des Lesers als «Kuriosum» bezeichnen. Es muss Jahre, wenn nicht Jahrzehnte gedauert haben, um eine solch exakte Arbeit zu erstellen. Am Originaltextbeispiel der Schauenburger Kirsche erkennt man schnell den Wert dieser Kostbarkeit.

Schauenburger

Beschreibung nach Material von Leupin in Frenkendorf, Leuthard in Arlesheim, Schneider in Paplemont u. a.
Namen: Die Bezeichnungen «Schauenburger» und «Flurianer» werden namentlich im mittleren Baselland gebraucht und nehmen Bezug auf den Besitzer

des Bades Schauenburg, namens Flury. Im solothurnischen und baslerischen Birstal wird dagegen die Sorte als «Rosmarin», «Späte Rosmarin» und «Binninger Rosmarin» bezeichnet. Es erschien nicht zweckmäßig, den weitverbreiteten Namen «Späte Rosmarin» beizubehalten, der wohl für das Birstal, wo die «Frühe Rosmarin» verbreitet ist, angängig wäre, nicht aber für das übrige Gebiet, in dem die eigentliche Rosmarin vorkommt, deren Früchte noch später reifen als diejenigen der Schauenburger.

Größe: Groß, zum Beispiel 23,40 : 23,15 : 21,00 (100 : 99 : 90 : 91)

Gestalt: Herzförmig, von der Bauchseite zusammengedrückt. Stempelseite abgerundet. Stielseite ein wenig breit abgerundet, wenig geschultert, meist gegen die Bauchseite schief. Bauchseite von der Mitte aus breit und flach gewölbt bis abgeflacht. Rückenseite mit Höcker und Furche. Ganze Frucht leicht höckerig.

Stielgrube: Meist ziemlich breit und tief und nach beiden Seiten etwas ausgerandet.

Bauchnaht: Die Linie liegt hin und wieder in einer breiten Einsenkung.

Stempelpunkt: Klein, in kleinem Grübchen, oft hinter einem Höcker.

Stiel: Mäßig lang (43 mm, 46 mm, 50 mm), mäßig kräftig, grün oder schwach rötlich angelaufen, haftet mäßig fest und reißt hin und wieder aus.

Farbe und Haut: Schwarzbraun, wenn nicht völlig reif mit undeutlichen hellen Sprinckeln, mit ordentlichem Glanz, gegen Regen ziemlich widerstandsfähig.

Fleisch: Mittelfest, saftig, süß-säuerlich mit leicht vorherrschender Säure, ziemlich kräftig, angenehm, aber nicht stark gewürzt.

Stein: Mäßig groß: 10,80 : 8,97 : 7,07 (100 : 82 : 65 : 79). Löst ordentlich. Oberfläche ziemlich glatt. Eiförmig, mit schwachem Spitzchen. Stielseite hin und wieder etwas hochgewölbt, aber doch nach allen Richtungen ziemlich stark abfallend, wenig runzelig. Stielansatzstelle ziemlich groß. Rückenlinie vom ersten Drittel aus gewölbt, vor der Spitze kaum stärker abbiegend, vorstehend, mit kurzen Querrunzeln. Wulstansatz mäßig breit, eher kräftig und kammförmig vorstehend, leicht übergreifend, den Scheitel meist überragend, fast immer ohne Nebenwülste. Seitenwülste kräftig, meistens parallel verlaufend und zu Spitzchenbildung neigend, gegen vorn scharf, fast immer mit Nebenwülsten, die oft im obersten Teil entspringen. Zwischenwülste im vordern Teil scharf, oft zu einem schmalen Mittelwulst zusammentretend.

Reifezeit: mittelspät

Verwendung: Tafelkirsche. Auch als Konservenkirsche für den Hausgebrauch wertvoll, liefert jedoch wie alle braunfrüchtigen Sorten schlecht gefärbte Kompotts.

Wuchs: Etwas lockerastig und sparrig, breit ausladend; die Bäume gleichen denjenigen der weißen Herzkirsche.

Gesundheit: Gegen Schrotschuss verhältnismäßig widerstandsfähig, aber zu Harzfluss neigend.

Blüte: mittelspät

Befruchtungsverhältnisse: Bildet mit Schumacher, Basler Adler und Schüracher eine Intersterilitätsgruppe. Geeignete Pollenspender: Langstieler, Rosmarin, Weiße Herzkirsche, Braune Herzkirsche, Graberkirsche, Hedelfinger, Muskateller, Sauerhäner, Rote Lauber, Späte Basler, Guggerkirsche, Fricktaler Rotstieler, Lampnästler, Ovale frühe Herzkirsche, Weißler aus Sissach, Späte Holinger, Herzförmige frühe Herzkirsche, Leokirsche, Rigikirsche, Schüpfkirsche, Schägger, Helener, Truppler, Güpfer, Sammetkirsche, Sämling Weber, Sämling Müller, Oberlandkirsche, Gravium, Napoleons Knorpelkirsche, Eigenkirsche, Rote Schwyzer.

Verbreitung: Im untern und mittlern Teil des Basellandes und im Schwarzbubenland verbreitet, in den letzten Jahren auch in den übrigen Teilen des nordwestschweizerischen Kirschengebietes stark in Verbreitung begriffen, im Mittelland, z. B. am Bielersee, vereinzelt.

Bedeutung: Für gute Lagen, namentlich für späte, eine wertvolle Handelssorte. Für geringere Lagen ist sie wegen der Harzflussgefahr nicht zu empfehlen. Ist im Richtsortiment für die Nordwestschweiz enthalten.

Schauenburger

Basler Langstieler

Magda

Beliebte Kirschensorten

Basler Langstieler
Kleine, leicht weiche bis mittelfeste Kirsche mit ausgeprägtem Aroma. Ist in der Nordwestschweiz eine Hauptsorte. Sie wird als Konserven-, Brenn- und Saftkirsche verwendet. Die Sorte kann schwer geschüttelt werden.

Basler Adler
Meist groß, kugelig, schwarzbraun, kräftig und saftig. Die in der Norwestschweiz angestammte Hauptsorte entwickelt viel Zucker und Säure und ist kräftig im Aroma. Bei Regen neigt sie zum Platzen.

Bigarreau Burlat
Es gibt insgesamt 7 «Bigarreau»-Kirschensorten: Cummun, Gros noir, Napoléon, Pellissier, Rote, Schwarze und Burlat. Die Burlat ist groß, flachkugelig, leuchtend rot bis dunkelrot, saftig, süß und angenehm im Geschmack. Die früh reifende Sorte mit festem, erfrischendem Fruchtfleisch ist äußerst regenempfindlich. Sie wächst stark und bringt hohe Erträge. Als Befruchter eignen sich Hedelfinger und Magda. Reifezeit: mittelfrüh. Den Namen erhielt sie von ihrem Entdecker Burlat aus Frankreich. Ideal für Konserven, Kompotts und Chutneys.

Dolleseppler
Kleine bis mittelgroße, weiche bis mittelfeste, süße, aromatische schwarze Frucht. Eignet sich sowohl als Konserven- wie als Brennkirsche.

Heidegger
Große braunschwarze Kirschen mit sehr festem, aromatischem Fruchtfleisch. Die Sorte gedeiht an allen Lagen gut und liefert einen ansehnlichen Ertrag. Befruchter sind Hedelfinger und Magda. Reifezeit: mittelspät.

Herzkirsche
Heißt auch Büttners Rote Knorpel. Synonyme sind Emperor, Francis, Kaiser Franz, Napoleon, Rote Lauber, Weißbäuchler. Eine der ältesten gelb-roten Knorpelkirschen. Sehr gute Ertrags- und Fruchteigenschaften. Große Anpassungsfähigkeit an unterschiedliche Standortbestimmungen. Geeignet für den Frischverzehr wie auch für die Verarbeitung.

Kordia
Die violettbraunen, knackigen Früchte saften blutrot. Als Befruchter kommen Magda und Heidegger in Frage. Reifezeit: mittelspät bis spät.

Lauerzer
Eine der meistverbreiteten Sorten, welche im Mittelland auch Rigikirsche genannt wird. Die Frucht ist klein, tiefschwarz, weich, sehr saftig und süß. Sie eignet sich hervorragend zum Brennen.

Magda
Ertragreiche Sorte, mittelstarker Wuchs. Schwarzbraune Früchte, festes Fruchtfleisch. Kann von Heidegger und Kordia befruchtet werden. Mittelfrüh.

Regina
Dunkelrote, große bis sehr große Kugel, denen kaum jemand widerstehen. Die saftigen Früchte sind süßsäuerlich. Die starkwüchsige, spätblühende Sorte braucht in ihrer Nähe eine Befruchtersorte. Reifezeit: mittelspät bis spät.

Schauenburger
Mittel bis groß, schwarzbraune, mittelfeste Früchte von milder Würze. Reift spät. Die robuste Sorte kam 1890 aus dem Libanon in die Schweiz. Eingeführt durch Emil Benedikt Flury, ehemaliger Wirt vom Bad Schauenburg bei Liestal.

Regina

Schattenmorelle

Basler Adler

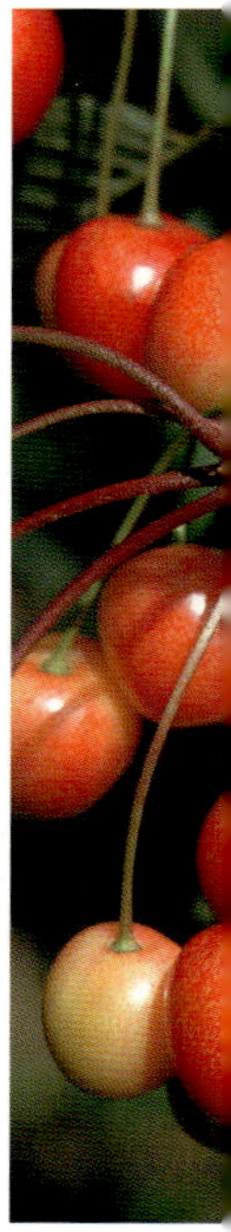

Schattenmorelle

Die mittelgroße schwarzbraune Kirsche hat einen säuerlich-herben Geschmack. Der Baum wächst kräftig und ist selbstfruchtbar. Reifezeit: spät. Eignet sich hervorragend für Konfitüren.

Weichsel

Unter dem Namen «Weichsel» werden auch die 4 Sorten Braune, Landschäftler, Ostheimer sowie Siblinger beschrieben.

Eine besondere Sorte ist die Sauerkirsche «Ämli», deren Saft klar, d. h. ungefärbt ist. Die Bezeichnungen Ämli, Ämeli, Ömeli, Emdli usw. werden in der ganzen Ostschweiz gebraucht und sind abgeleitet von Amarelle. Weichsel oder Landschäftler Weichsel heißt sie im Baselland, Zahmkirsche im Kanton Bern, Rietler in Feusisberg im Kanton Schwyz. Eine ganz spezielle Weichselsorte ist die Perle vom Klettgau, die in den 30er Jahren des letzten Jahrhunderts noch oft von verschiedenen Baumschulen verkauft wurde. Die Weichsel wird wegen ihres ausgeprägten Säuregehaltes gerne als Tafelkirsche, für Konfitüren, Saft und für die Herstellung von Likör verwendet. In Kirsch eingelegte Früchte sind ideal für die Herstellung von Pralinen. Das vornehmste Produkt ist sortenreiner Edelkirschbrand, der in der Schweiz wegen der schlechten Alkoholausbeute eine absolute Rarität ist.

Kleine Kirschengeschichten zu den Sorten

Zu Beginn dieses Jahrtausends startete Fructus, die Vereinigung zur Förderung alter Obstsorten, eine Neuinventarisierung von Obstsorten und Beeren in der Schweiz. Bei den Kirschen orientierte man sich immer wieder an Kobels «Kirschensorten der deutschen Schweiz» und erlangte dabei einige interessante Erkenntnisse. Eine gewisse Bedeutung für die Vielfalt der angebauten Sorten hatte offenbar früher auch der Tourismus. So wurde zum Beispiel die rotfruchtige «Eigenkirsche» als Tafelkirsche speziell für die Versorgung von Hotels und Pensionen angebaut. Auch für Traditionen wie das «Chirschmuesen» in der Nähe von Wimmis wurden – und werden teilweise heute noch –

spezielle Sorten verwendet: Der Volksmund nennt eine für das Kochen von Kirschenmus verwendete Kirschensorte, die Schöne von Einigen, treffend Pflüderkirsche. Weitere solche Kirschenmussorten sind Graffelkirsche, Thommankirsche oder die Salzbrunnenkirsche.

Im Kanton Schaffhausen wurden nur wenige Sorten gefunden, die nicht in anderen Kantonen auch heimisch sind. Von der Beringer Kirsche konnte nur gerade noch ein einziger Baum lokalisiert werden.

Im Prättigau gibt es zahlreiche lokale Sorten wie die Schanänner, Neesler, Muresser oder Schmälzler. Die Contesser Kirsche wächst in der Umgebung von Conters und wird heute noch zum Dörren und Kochen verwendet.

In der Nähe von Zurzach (Aargau) wurde die verschollen geglaubte Kirschensorte Fisibacher wieder entdeckt. Früher war die spätreife Lokalsorte eine der Haupttafelkirschensorten in der Umgebung.

In der March (Kanton Schwyz) wurde die Dreifaltigkeitskirsche neu entdeckt. Der Name hat einen Zusammenhang mit dem Dreifaltigkeitssonntag, der in katholischen Gegenden am Sonntag nach Pfingsten gefeiert wird. Kobel erwähnte in seinen Beschreibungen (1937), dass der Name ein Synonym für die Erstfrühe sei, eine heute noch relativ häufige Sorte, die vorallem in der Nordwestschweiz vorkommt.

Güpferkirsche und Undervögtler sind typische Lokalsorten, die im Kanton Zug gefunden wurden. Nicht mehr aufgetaucht ist die von Fritz Kobel beschriebene Lokalsorte Trubiker. Die Sorte ist als Sämling auf dem Hof Trubikon entstanden und war eine ideale Brennkirsche mit kräftigem, angenehm gewürztem Fruchtfleisch. Allerdings sei die Sorte schrotschussanfällig und nicht sturmsicher. Daher wurde sie zur Vermehrung nicht empfohlen.

Der Kirschenbaum im Jahreslauf

Der Frühling
«Kirschenblüten schimmern weißer als Mondlicht, Geister und Elfen fordern zum Tanz auf, doch wehe, der Mensch folgt der Einladung, er läge bei Sonnenaufgang tot unter den Blütenbäumen», erzählt eine alte Sage. Doch ganz so mystisch und abwegig scheint diese Geschichte nicht zu sein. Der Zauber liegt vor allem in der Strahlkraft eines alten, in voller Blüte stehenden Kirschenbaums. Niemand kann sich dieser Schönheit entziehen und wegschauen. Die Zeit scheint für einen Moment still zu stehen. Die Lebensdauer einer zarten Blüte ist kurz: nur 10 Tage erfreut sie uns, dann ist der Blütenzauber vorbei.
Blütezeit ist je nach Region zwischen Mitte April und Mitte Mai. Die Natur hat hier mit ihrer Vielfalt ein Sicherheitssystem eingebaut: Es gibt früh-, mittel- und spätblühende Kirschenbäume. So können die negativen Auswirkungen einer Schlechtwetterperiode mit viel Regen, Föhnsturm oder Frost, welcher die Befruchtung der Blüten verunmöglicht, minimiert werden. Naturereignisse führen nicht selten zu einem massiven Ernteausfall.

Der Sommer
Wenn «andere» in den Urlaub fahren, sind auf den Bauernhöfen mit hochstämmigen Kirschenbaum-Plantagen die Familienangehörigen voll mit der Ernte der Kirschen beschäftigt.
Noch bis Ende der siebziger Jahre des letzten Jahrhunderts wurden die Kirschen von Hand gelesen und in «Chratten» gesammelt. 12 kg Kirschen die Stunde waren es schon, wenn der Pflücker geübt war. Schulkinder bekamen 50 Rappen pro Kilogramm, der Rest war für den Bauern. 50 Rappen werden auch heute noch bezahlt, aber für 1 kg insgesamt. Der Preis wird von den Brennereien diktiert, die große Mengen abnehmen können. Meistens ist der Preis nicht kostendeckend, auch wenn heute maschinell geerntet wird. «Wenn sich das Lächeln

eines Kirschenproduzenten im gefüllten Kirschglas nicht widerspiegelt, dann hat der Kirschhersteller einen Fehler gemacht.» Dieses Motto gilt für Kirschbrennereien, die sich auf Kirschspezialitäten konzentriert haben und die Arbeit der Kirschenbauern entsprechend wertschätzen.
Für eine erfolgreiche Vermarktung müssen die Tafelkirschen taufrisch und knackig sein und auch schön aussehen. Sie werden meistens aufwändig in Niederstammkulturen «gestielt» handverlesen.
Hier liegt der kostendeckende Preis beim Vier- bis Fünffachen des Brennkirschenpreises.

Der Herbst
Nun tragen die Kirschenbäume ein buntes rotgelbgoldenes Kleid, das in der Herbstsonne noch intensiver leuchtet. Das Wetter wird entscheiden, wie lange die Farbtupfer uns erfreuen werden. Der Kirschenbauer wird sich einmal mehr fragen, ob es sich für ihn lohnt, die Kirschenbäume zu pflegen.

Der Winter
Die Kirschenbäume stehen stumm, starr und unbeweglich in der Landschaft. Aber wenn sich die Natur in eine Schneedecke hüllt, gibt es so etwas wie ein Erwachen: Die Baumkronen zeichnen kontrastreiche Konturen in die weiße Landschaft.
Der Kirschenbauer überlegt sich, ob er unrentable Kirschenbäume fällen und durch neue, junge Bäume ersetzen soll. Kein einfacher Entscheid, denn ein Kirschenbaum trägt erst nach 10 bis 15 Jahren ordentlich Früchte.
Jetzt dampft und zischt es in den Brennereien.
Hier geben sich Hitze und Kühle, gute und schlechte Aromen ein Rendezvous. Die Prozesse haben ihre eigenen Gesetze, sie laufen ohne Hektik ab, ja, sie sind von meditativer Geduld und Beharrlichkeit geprägt. Aus den Brennblasen tröpfelt der Kirsch – in diesem «Tempo» sollte man ihn denn auch genießen: den edlen Tropfen aus der edlen Frucht.

Kirschen sind gesund

Historisches Heilwissen und Mystik
Dem Kirschenbaum werden ziemlich unheimliche Geschichten nachgesagt. Auch die Symbolik ist voller Widersprüche. So wurde der Kirschenbaum der Todesgöttin Artemis geweiht. Bei den Germanen galt die Kirsche als Todessymbol. Im Christentum zählte sie zu den verbotenen Früchten. Anderseits wird in Japan kein Baum so verehrt wie der Kirschenbaum. Zu seinen Ehren findet seit mehr als 1000 Jahren das Kirschenblütenfest statt. Aus Japan kommen auch die zahlreichen Zierkirschen, die so üppig blühen, aber keine Früchte tragen.

Unsere Vorfahren nutzten den sagenumwobenen Baum ganzheitlich, also auch das Blatt, den Stiel, den Stein, das Holz und das Harz. Während Kirschenbaumholz unverändert im Trend liegt, sind die übrigen Verwendungsmöglichkeiten größtenteils in Vergessenheit geraten.

Kirschenblätter, jung gepflückt, ergeben in Kombination mit Walderdbeer-, Himbeer- und Brombeerblättern einen wertvollen Haustee. Die Blätter eignen sich auch zum Einlegen von Gurken. Tabak lässt sich mit getrockneten Kirschenblättern strecken. Frische Blätter und selbst die Blüten kann man Salaten, Saucen und Suppen beigeben.

Fruchtstiele lösen als Teeaufguss bei einem hartnäckigen Husten den Schleim. Aufgrund ihrer entwässernden Wirkung sind sie auch Bestandteil von Entschlackungstees.

Baumharz, auch «Kirschgummi» oder «Katzengold» genannt, nutzten unsere Vorfahren als Hustentrank, indem sie frische Harzklumpen in Wein auflösten.

Kirschensteine eignen sich nicht nur für Wettbewerbe im Weitspucken. In wirtschaftlich schlechten Zeiten hat man daraus Öl gewonnen (der Ölanteil beträgt 35 %). Kirschensteinsäckchen als Wärmespender sind wieder voll im Trend. Dazu werden gereinigte, getrocknete Steine in Leinen oder Baumwollstoff eingenäht und auf dem Kachelofen oder in der Mikrowelle aufgeheizt. Das Kirschensteinsäckchen wärmt nicht nur kalte Füße, es wärmt auch den Bauch und verspricht bei Bauchschmerzen Linderung.

Ausgewogene Inhaltsstoffe

Der Harnsäurespiegel im Blut sinkt, das Bindegewebe wird gestrafft, hautschädigende freie Radikale werden neutralisiert, Knochen und Nerven gestärkt, der Organismus entgiftet, das Blut gereinigt und die Zellen entwässert.

Die Kirsche ist punkto Inhaltsstoffen keine Frucht der Superlative. Aber sie enthält in einem ausgewogenen Verhältnis alles, was unserem Organismus gut tut. 500 g Kirschen während der Saison täglich sind ein wunderbares Entschlackungsmittel und ein Jungbrunnen dazu. Die Kirschen sind auch ein ideales Naturheilmittel bei Entzündungen, Rheuma, Gicht, Gewebeschwäche sowie Schadstoffbelastungen.

Die Frucht enthält überdurchschnittlich viel Kalium und Zink. Kalium fällt eine zentrale Rolle bei der Zellversorgung zu, und es unterstützt auch die Entwässerung des Organismus. Zink ist am Hormonstoffwechsel beteiligt, und dieser beeinflusst die Stimmungslage, die Begeisterungsfähigkeit und die Antriebskraft. Eine gute Zinkversorgung beugt vorzeitigem Ergrauen vor.

Beachtlich ist der Anteil an bioaktiven Substanzen wie Anthozyane (rote Pflanzenfarbstoffe). Sie stärken das Bindegewebe. Gleichzeitig schützen sie die Haut und das Gewebe vor den zerstörerischen freien Radikalen, die unsere Haut rascher welken und altern lassen. Die Anthozyane hemmen Entzündungen und wirken Parodontose entgegen.

Je intensiver gefärbt die Kirsche ist, desto mehr gesundheitsfördernde Anthozyane enthält sie. Die zu den Flavonoiden aus der Stoffgruppe der Polyphenole gehörenden rot-violetten Farbträger sind aktiv in der Prävention gegen Krebs, Thrombose, Infarkt, Arterienverkalkung und Schlaganfall. Kirschen sind ein gutes Schutzschild gegen Herz-Kreislauf-Erkrankungen – und das auf genussvolle Art.

Die Inhaltstoffe

100 g Süßkirschen enthalten

cal/Joule	67/280
Wasser	82 g
Kohlenhydrate	13 g
Eiweiß	0,9 g
Fett	0,4 g
Rohfaser	0,4 g
Säure	0,6 g
Vitamin C	15 mg
Vitamin E	0,1 mg
Vitamin B_1	0,05 mg
Vitamin B_2	0,04 mg
Vitamin B_3	0,08 mg
Vitamin B_5	0,03 mg
Vitamin B_6	0,04 mg
Folsäure	0,02 mg
Kalium	200 mg
Kalzium	20 mg
Phosphor	20 mg
Magnesium	10 mg
Chlor	30 mg
Natrium	3 mg
Schwefel	8 mg
Eisen	0,4 mg
Zink	0,15 mg
Kupfer	0,10 mg
Bor	0,30 mg
Mangan	0,10 mg
Fluor	0,02 mg
Jod	0,015 mg
Kobalt	0,005 mg

Kirsch

Die Qualität von Brennkirschen

Gemäß Statistik werden etwa 70 % der Kirschenernte zu Kirsch verarbeitet. Zum Brennen eignen sich aufgrund des Zuckergehalts und des Aromas besonders gut die Sorten Dolenseppler, Muskateller, Lauerzer, Mischler, Delta, Basler Adler, Zopf, Baschimeiri, Langstieler, Hämiker, Lampnäschtler, Steinweichsel, Weichsel. Die Kirschen können klein oder groß, süß oder sauer, leicht bitter, kurz- oder langstielig, schwarz, braun, rot, weißlich oder gelb sein.

Die Kirschenvielfalt und die lange Tradition und Erfahrung im Brennen von Obst zu klaren, hocharomatischen Wässern haben die Schweiz zum bedeutendsten Kirschland gemacht. Dazu beigetragen haben auch die klimatisch unterschiedlichen Anbaugebiete – von der milden Seelage bis zur rauen Bergregion.

Für ein Spitzenprodukt ist die Qualität der Brennkirschen ausschlaggebend. Die Früchte müssen ausgereift und sauber sein, frei von Stielen, Blättern und Zweigteilen. Aufgesprungene und beschädigte Kirschen werden toleriert, wenn sie weder angefault noch in Gärung sind.

1997 wurde eine Qualitätsbezeichnung eingeführt: Der Brixgehalt. Er ist in der Zuckertechnologie die gebräuchliche Maßeinheit für den Saccharose- (Zucker-)gehalt und die Alkoholausbeute. Generelle Richtlinien, um die Qualität eines Produktes zu bestimmen, findet man in der Lebensmittelverordnung. Das sagt aber noch nichts über den Geschmack des Kirschs aus.

Der Gärprozess

Man unterscheidet zwischen wilder und gesteuerter Gärung. Bei einer wilden Gärung arbeitet die Natur. Wilde Hefen bringen den Gärprozess in Gang und wandeln innerhalb von 3 bis 6 Wochen den natürlichen Fruchtzucker in Alkohol um. Bei dieser Gärung kann es durch eine unerwünschte bakterielle Tätigkeit möglicherweise zu einer Fehlgärung kommen. Vor allem unerwünschte Mikroorganismen können die fruchttypische Note verunreinigen und zerstören (z. B. Milchsäurebakterien, Schimmelpilze, Buttersäurebakterien, Essigbakterien, Bitterbakterien). Für die gesteuerte Gärung werden saubere, manchmal auch gewaschene Früchte verwendet. Die Maische wird angesäuert, Reinzuchthefe und Gärsalz und je nach Kirschensorte werden zudem Enzyme zugesetzt. Der Gärbehälter muss sauber sein, die Temperatur wird gesteuert und der Gärtrichter aufgesetzt, womit verhindert wid, dass Sauerstoff dazukommt. Eine kühle Maischenlagerung – am besten unter 20 °C ist für eine gute Qualität mitentscheidend.

Die Destillation

Nach dem Ursprung der Kirschherstellung wird immer noch gesucht. Die Entstehungsgeschichte des Branntweins konnte, wenigstens für die europäischen Länder, trotzdem geklärt werden. Dank zahlreicher Forschungsarbeiten im vergangenen Jahrhundert steht fest, dass die naturwissenschaftlichen Gelehrten des Altertums einen brennbaren Stoff im Wein erkannt hatten, es aber nicht verstanden, diesen durch Erhitzen von den wässrigen Bestandteilen abzutrennen und zu konzentrieren. Das Destillieren muss im Fernen Osten bereits im 9. Jh. v. Chr. bekannt gewesen sein. Diese Kunst war erst einmal den arabischen Kräuterhändlern vorbehalten, die damit Duftwässer, zum Beispiel das berühmte Rosenwasser, und Arzneien herstellten. Bemerkenswert ist auch, dass die Inder bereits 1800 v. Chr. alkoholische Produkte mit einer Steuer belegten. Als die Destillierkunst Europa erreicht hatte, entstanden die ersten trinkbaren Destillate. Entscheidende Fortschritte machte die Kunst des Destillierens im Mittelalter, als Forscherpersönlichkeiten, sogenannte Alchimisten, sich um wissenschaftliche und technische Belange zu kümmern begannen. Die dazumal entdeckten Techniken werden erstaunlicherweise heute noch angewendet. Beim Destillieren werden Dämpfe eines erhitzten Stoffes durch einen Kühler geleitet und dort wieder verflüssigt. Das Wort Destillieren ist auf «Stilla» zurückzuführen, was Tropfen bedeutet.

Das Destillationsprinzip ist sehr einfach. Wasser kocht bei 100 °C, Alkohol schon bei 78,3 °C. Beim Erhitzen der Maische (6–8 % Alkoholvolumen) verdampfen die Alkoholmoleküle früher als die Wasserteile. Sie durchqueren das Geistrohr bis zum Kühler, wo sie sich wieder abkühlen, verdichten und somit verflüssigen. Hier tröpfelt der Alkohol aus dem Schwanenhals in einen Auffangbehälter. Ein Kirschbrand besteht jedoch nicht nur aus Alkohol und Wasser, sondern auch aus verschiedensten Aromen mit unterschiedlichem Siedepunkt. Es bleibt die Kunst des Brenners, schöne Aromen zusammenzuführen und vom Vor- und Nachlauf, den schlechten Stoffen, zu trennen, um eine typische und möglichst hohe Intensität von Kirschenaromen zu erhalten.

«Schlempen»

Nach der Destillation wird die gebrannte Maische zur «Schlempe». Früher hat man sie zu Tresterstöckchen verarbeitet und als Brennstoff zu Heizzwecken verwendet. Die Schlempe wird heute vielfach über die Abwasserreinigung entsorgt. Es gibt einige Brennereien, welche ihre Kirschensteine trocknen und anschließend verbrennen. Der Brennprozess könnte eigentlich durch den Einsatz von Kirschensteinen kostengünstig gestaltet werden.

Die Lagerung von Kirschbränden

Seine absolute Güte bekommt der Kirschbrand – das bestätigen die Forschung und die Praxis – erst durch eine sorgfältige Lagerung und die Lagerdauer. Im Gegensatz zu Wein wird Kirsch traditionell nicht in Fässern, sondern in Korbflaschen, in Glas, Steingutbehältern oder in Tanks gelagert, wo

er unter dem Einfluss der Witterung und der Jahreszeit auf dem nicht isolierten Dachboden langsam reift. Temperaturschwankungen sind ideal und tragen zur Qualität bei. Seit wenigen Jahren gibt es in der Schweiz und in Deutschland auch holzfassgereifte Kirschbrände. Es gibt Fässer aus Maulbeer-, Kastanien-, Eichen-, Kirschen- und Akazienholz. Kirschbrände werden auch in Bourbon-, Rum- und Weinbrandfässern ausgereift. Noch weiß man nicht, ob sich diese Produkte auf dem Markt durchsetzen können.

Hochprozentiges Kirschwasser reduzieren
Die Reduktion von hochprozentigem Alkohol auf Trinkstärke ist kein Kinderspiel. Auch hier ist Fingerspitzengefühl gefragt und eine ausgeklügelte Reduktions- und Filtrationstechnik. Für das Herabsetzen von Fruchtbränden empfiehlt sich mineralisiertes, enthärtetes Wasser. Die Reduktion mit destilliertem Wasser auf Trinkstärke, wie wir es beim Cognac kennen, ist nicht zu empfehlen. Destilliertes Wasser ist flach, geschmacklos und hat keinen Körper.

Kontrolle, Steuern und Werbeverbote
Dass die Schweiz den Kirschproduzenten hohe Steuern auferlegen, wird heute von niemandem mehr hinterfragt. Vom Kirschproduzenten werden aber zusätzlich zur Kontrolle eine Rohstoff- und eine Alkoholbuchhaltung, ein Inventar der Handelsware und der Offenware mit einer Endabrechnung in Liter 100 % Volumen, eine Jahreszusammenstellung der gebrannten Wässer, wenn möglich ein Abfüllprotokoll, eine Zusammenstellung der Brennereirohstoffe und eine Zusammenstellung der Ein- und Ausgänge der abgefüllten Menge verlangt. Es braucht also einiges, bis man einen schönen Kirschbrand genießen kann. Das ist aber noch nicht alles.
Das Alkoholgesetz in der Schweiz erlaubt nur die Produkte-Werbung. Menschen dürfen in der Werbung nicht vorkommen. Auch Landschaften sind verboten. Von der Werbung ausgeschlossen sind öffentliche Gebäude und Orte, wo sportliche Aktivitäten stattfinden.

Die Kunst der Kirschverkostung

Einleitung in die Kunst der Kirschsensorik
Jeder kann professionell verkosten – das ist eine Frage der Übung. Verkosten oder degustieren heißt, mit Auge, Nase und Gaumen wahrzunehmen, ohne zu trinken. Es ist eine Messung mit den Sinnesorganen, mit dem Ziel, eine Qualitätsbeurteilung zu machen. Die Aufnahme von physikalischen und chemischen Reizen erfolgt über die Sinnesorgane Auge (optisch), Ohr (akustisch), Nase (olfaktorisch), Zunge (gustatorisch). Mit dem Geruchsinn wird die Frische des Produktes beurteilt. Das Auge prüft das Aussehen und die Farbe. Die Nase nimmt die Duftaromen auf. Man riecht leichtflüchtige Substanzen, welche im Nasendach via Nasenschleimhaut detektiert werden. Es wird die Technik des «Schnüffelns» angewandt. Der Geschmackssinn erfasst Eindrücke, die durch Mund, Gaumen und Zunge übermittelt werden. Es werden Elemente wie süß, sauer, bitter, salzig und Empfindungen wie kühl, brennend, adstringierend (zusammenziehend) wahrgenommen. Mit dem Gaumen werden der Eigengeschmack und der Sortencharakter einer Probe analysiert. Die Probe soll über die ganze Zungenoberfläche fließen können, damit möglichst viele Geschmacksknospen vom Destillat erreicht werden. Leichtes Schlürfen bewirkt eine zusätzliche Luftzufuhr und intensiviert die Sinneseindrücke. Durch das mehrmalige Verteilen der Probe über die Zungenoberfläche werden möglichst viele Geschmacksknospen einbezogen und die Geschmacksmerkmale intensiv wahrgenommen. Der allgemeine Eindruck entsteht durch das Zusammenwirken (Harmonie) von olfaktorischen und gustatorischen Empfindungen. Die Wahrnehmung kommt retronasal durch die Verbindung von Nase und Rachen via Nerven zum Hirn zustande.

Die optimale Degustation
Eine Degustation ist mit Arbeit verbunden. Das Geschmackserlebnis ist von bestimmten Rahmenbedingungen abhängig. Der Verkostungsraum muss frei von störenden Gerüchen sein (Küche, Rauch, Parfüm). Ein Verkoster erhält für jeden Brand ein Glas der gleichen Form, ein Wasserglas, einen Spuckbecher, eine Serviette und Notizpapier. Man reicht Mineralwasser ohne Kohlensäure, denn Spirituosen trocknen die Schleimhäute stark aus. Weißbrot wird häufig gegessen, wenn die Verkostung länger dauert. Trotzdem wird davon abgeraten, denn durch die enzymatische Aufspaltung von Kohlenhydraten im Gaumen in Ein- und Zweifachzucker werden die Brände künstlich «gesüßt» und damit stark verfälscht.

Der Verkoster sollte

- gesund und fit sein
- konzentriert sein
- Nichtraucher sein
- wenig gegessen und getrunken haben
- und nicht verliebt sein (mangelnde Objektivität)

Der Brand sollte

- eine Trinkstärke von 40 bis 45 % Volumen haben (im Normalfall)
- eine Trinktemperatur von 15 bis 18 °C haben
- in der optimalen Degustiermenge von 1 bis 2 cl gereicht werden

Zusätzliche Hilfsmittel sind

- ein gut belüfteter Raum
- ein angenehmes Licht
- ein tulpenförmiges Glas
- eine ideale Tageszeit: 10 bis 12 Uhr, 15 bis 17 Uhr, 20 bis 21 Uhr

Das Degustationsglas
Das Degustationsglas hat einen besonderen Einfluss auf die Wahrnehmung von Alkohol, Frucht und Fehlern von Bränden. Das Glas soll den Alkohol zurückhalten und die flüchtigen Komponenten leichter freigeben. Das Glas muss einen Stiel haben, damit die Hand möglichst weit weg von der Nase ist. Idealerweise wird das Destillat bei Zimmertemperatur degustiert. Es haben sich bei unabhängigen Verkostungen Gläser mit einem kugeligen bis zwie-

belförmigen Bauch bewährt, der sich oben in einen Kamin verengt und am Rand wieder leicht öffnet. Das Glas soll eine genügend große Oberfläche haben, damit sich der Brand entfalten kann. Degustationsgläser mit Deckel sehen ansprechend aus. Der Deckel ist sinnvoll, wenn Proben längere Zeit stehen und immer wieder besprochen werden. Unter dem Deckel reichern sich die flüchtigen Komponenten und Alkohole an. Wenn Sie direkt unter dem Deckel riechen, erleben Sie ein kleines sensorisches Feuerwerk. Für die Degustation muss der Deckel mindestens eine Minute vor dem Verkosten entfernt werden.

Bewertung und Beurteilung: Geruch
Beim Geruch geht es um die Sauberkeit des Alkohols, was eine rein technische Frage ist (siehe Geruchsfehler). Ist der Alkohol sauber? Wenn nein, stellt sich die Frage der Art und des Grades der Verunreinigung. Verkoster ist verpflichtet, den Fehler der Verunreinigung in Worte zu fassen.

Bewertung und Beurteilung: Fruchtigkeit
Die Frucht wird über die Nase beurteilt. Sie sollte typisch sein und eine hohe Intensität haben. Ist die Frucht typisch? Wie ist der Intensitätsgrad der Frucht? Stark, mittel, schwach?

Bewertung und Beurteilung: Geschmack
Es ist komplex, den Geschmack eines Kirschbrandes zu beurteilen. Es gibt drei Kriterien: die Sauberkeit des Alkohols, die Typizität und die Intensität der Frucht.

Bewertung und Beurteilung: Harmonie
Bei der Harmonie handelt es sich um eine subjektive Gesamtschau des Brandes. Es ist ein Zusammenspiel von Geruch, Frucht und Geschmack, wobei der Schwerpunkt beim Geschmack liegt. Ist der Brand abgerundet, ausgeglichen, harmonisch, vollmundig, reintönig, jugendlich, frisch, ausdruckslos, aromaarm, flach, leer, dünn, untypisch, plump, aufdringlich, nachhängend, scharf, brennend, stechend, kratzig, kühlend, wärmend, fuselig, spritig, adstringierend (zusammenziehend), pfeffrig, übertypiert, süß, sauer, salzig, bitter, fremdgeschmackartig, stockig, alt, dumpf, unharmonisch?

Die Charakterisierung
Bei der Charakterisierung spielt die persönliche Wahrnehmung eine große Rolle. Etwas wahrzunehmen ist einfach, es zu beschreiben ist eine Kunst. Jeder Mensch kennt tausende von Gerüchen. Sie sind aufgrund von Erfahrungen unterschiedlich und werden dementsprechend auch positiv oder negativ assoziiert. «Es gefällt oder gefällt nicht.» Um Ordnung zu schaffen, wurde eigens von der Forschungsanstalt in Wädenswil (CH) eine systematische Geruchs- und Geschmackssprache entwickelt. Eine dreistufige Übersicht hilft, Gerüche zu bestimmen. Dieses System kann selbstverständlich dauernd individuell ergänzt werden (siehe Tabellen).

Geruchssprache für Spirituosen

1. Stufe richtungweisend	2. Stufe vage beschreibend	3. Stufe genau beschreibend
blumig	duftig	Orangenblüte, Rose, Veilchen, Geranium, Parfüm, Lilie, Maiglöckchen, Heidekraut, Lavendel
würzig	würzig	Linalool, Gewürznelke, Pfeffer, Anis, Muskatnuss
fruchtig	Zitrus	Orange, Grapefruit, Zitrone, Limette
	beerig	Erdbeere, Himbeere, schwarze Johannisbeere (Cassis)
	fruchtig	Kirsche, Aprikose, Apfel, Birne, Pfirsich, Apfelkompott, frische Feige
	tropisch	Ananas, Banane, Melone
	getrocknet	Rosine, getrocknete Feige, Backpflaume, Orangenmarmelade,
	estrig	Bonbon, künstlich, Ester
	Honig	Met, Bienenwachs
vegetabil	grün	geschnittene Blume, grüner Halm, grüne Tomate, grünes Gemüse, gemähtes Gras, Heu, Tanne, Algen
	frisch	Eukalyptus, Minze
	grasig	grasig, krautig, Spargel
	bohnig	Sojabohne, grüne Bohne, Olive
	getrocknet	Heu, Stroh, Tee, Tabak
	malzig/Getreide	Haferflocken, Frühstücksflocken, Kleie, Porridge
nussig	ölig	Mandel, Haselnuss, Baum-/Walnuss, Kokosnuss, Milchschokolade, Crème fraîche, Butter, Leinöl, Kerzenwachs
süßlich	Karamell	Honig, Melasse, Butter, Kakao, Schokolade
holzig	phenolisch	rauchig, teerig, Asphalt, Holzfeuer, Torfrauch, Kamin, geräucherter Speck, geräucherter Lachs, geräucherter Schinken
	harzig	Eiche, Zeder, Fass, Ingwer, Pflanzensaft, Kiefermöbel, Lakritze, Zigarrenkiste, Sägemehl
	verbrannt	rauchig, Toastbrot, Kaffee, Kaffeesatz, Kuchen
	weinig	Sherry, Weißwein, Portwein, Cognac
	Vanille	Glyzerin, Melasse, weicher Karamell, Crème brûlée, Biskuit, Sandkuchen
erdig	torfig	moosig, Torf, Unterholz, Champignon, Rinde
	erdig	Staub, pilzig, Humus
	schimmlig	Schimmel, Korkton

chemisch	alkoholisch	brennend, brandig
	Fusel	höhere Alkohole, seifig, Nachlauf
	petrolig	Teer, Plastik, Benzin, Wachstuch, verbrannter Kautschuk
	schweflig	Böckser, SO_2, Radiergummi, Abgase, Reibfläche einer Streichholzschachtel, Knallkörper
	papierig	Filter, Karton, Kreide
	Lösungen	Kaugummi, frische Farbe, Kleber, Lösungsmittel, Nagellack, Cellophan
	medizinisch	Krankenhauskorridor, Desinfektionsmittel, Äther, hochprozentiger Alkohol
oxidiert	aldehydig	Acetaldehyd, Sherry, Luftton
mikrobiologisch	hefig	Hefe, Druse, Böckser
	säuerlich	Essig, Propionsäure
	laktisch	Sauerkraut, Buttersäure, Milchsäure, Käse
	animalisch	schweißig, mäuselnd, Pferd
	organisch	brackiges Wasser, Kohlkochwasser, kalter Tabak, Zigarrenasche
	fleischig	Fleischsaft, Wurst, Schwein, Speck, Schuhpflegemittel, neues Leder, altes Leder, Sellerie
	jodig	Meeresfrüchte, Schalentier, Gischt, Seeluft

Geschmackssprache für Spirituosen

Stimulus	Intensität	Begriffe
Alkohol	sauber	rein, wenig Fusel, fehlerfrei
	deutlich	aromaschwach, leicht süß
	intensiv	stechend, brandig, dominant
Zucker	kein	naturbelassen
	wenig	weich, rund
	mittel	leicht süß
	viel	süß, klebrig
Säure	keine	sauber
	wenig	leicht sauber
	deutlich	sauer, verdorben

Begriffe zum Alter von Edeldestillaten

jung	rau, stechend, unharmonisch
füllfertig	mild, aromatisch
gelagert	gealtert, oxidiert, estrig

Edeldestillate sind Produkte flüchtiger Komponenten, die wir direkt über die Nase oder retronasal über die Mundhöhle wahrnehmen. Auf der Zunge geschmackgebend sind Äthylalkohol, flüchtige Säuren (vorwiegend Essigsäure) und zugesetzter Zucker.

Die sechs klassischen Geruchsfehler

Wer die sechs klassischen Geruchsfehler kennt, kann etwa 90 % aller Fehler aufdecken.

Die Vorlaufnote
Mit etwa 50 % ist das der meist vorkommende Fehler, wofür ökonomische Gründe verantwortlich sind. Mit 70–80 % Volumen ist der Alkoholanteil sehr hoch. Wenn der Vorlauf nicht oder zu wenig abgetrennt wird, führt das zu mehr Vorlauf im Mittellauf (Herzstück = Kirsch). Es riecht nach Nagellackentferner (Acetaldehyd), «Uhu» (Klebstofflösung). Interessant wird es allerdings, wenn vom Brennermeister bewusst subtile, unaufdringliche Vorlaufnoten eingearbeitet werden. Dies gibt dem Kirschbrand eine leichte Spritzigkeit und Frische.

Die Nachlaufnote
Sie entsteht in der dritten Phase des Destillationsvorgangs. Der Nachlauf beträgt je nach Abtrennung und Energieaufwand 25 bis 40 % Volumen. Es handelt sich vor allem um schwere Alkohole, Fuselöle, Fette und Wachse. Sie sind bei der Verkostung schwieriger festzustellen. Die Nachlaufnoten empfindet man als «tote Dinosaurier». Damit sind schwere, fettige, ölige, teerige, wachsige und torfige Geruchsnoten gemeint. Nachlaufnoten können vor allem beim Riechen des leeren Glases mit anschließendem Belüften oder beziehungsweise durch das Ausschwenken festgestellt werden.

Muff- und Schimmeltöne können sich entwickeln, wenn bei der Maische der Kohlendioxidpuffer vernachlässigt wird und noch Sauerstoff dazukommt (feuchte Kellernoten). Es kommt zur Bildung von Schimmelpilzen.

Essig-/Buttersäuren und Acreolin entstehen durch unerwünschte bakterielle Mikroorganismen (z. B. Fehlgärung). Es kommt zu einem stechenden Geruch der an Essig-, Milch- und Buttersäure erinnert. Es kann auch schweißeln und mäuseln.

Brenzliger Geruch entsteht bei einer Überhitzung der Brennblase bei direkter Befeuerung. Die durch das Anbrennen von Zucker entstehenden Zersetzungsprodukte geben dem Destillat einen brenzligen Geruch und einen bitteren Geschmack. Diese Geruchsnote kommt nur noch selten vor.

«Hosenscheißer» entsteht vor allem bei Kernobstbränden, wenn unsauber gearbeitet worden ist. Man kann davon ausgehen, dass der Brennermeister so ziemlich alles falsch gemacht hat. Ein paar Beispiele: schlechte Früchte, Fallobst, schlechte Vergärung, unsaubere Destillation (meistens schon zu spät), schlechte Lagerung.

Charakterisierung in Worten
Positive Beschreibung: Sauber im Geruch, typische Kirschnote, sehr intensiv und kräftig, sauber im Geschmack, typisch und sehr voluminös, ausgeglichen, harmonisch, subtile Süße, reintönig, zarte Marzipannote, lang, anhaltender Abgang.
Negative Beschreibung: Starke Vor- und Nachlaufnoten, mit leichten Essigstichtönen, untypische, grasige Frucht, kräftig, grasiger Heugeschmack, wenig Süße, scharf, eckig, unharmonisch, untypisch, sehr temperamentvoll, jugendlicher, sehr pfeffriger Abgang.

Die Kunst der Kirschinterpretation
Um Kirschbrände interpretieren zu können, muss man viel verkosten, verschiedene Destillate vergleichen und die Brände einzeln beurteilen. Dies ist eine sehr persönliche, intime Sache. Warum kann ein Brand fesseln, begeistern, faszinieren? Kann man Aromen wahrnehmen, die man noch nie gerochen oder schon längst vergessen hat und die jetzt wieder aufleben? Gerüche aus der Kindheit vielleicht? Welche Spannungsfelder erlebt man? Gibt es fehlerhafte «Verunreinigungen», Reizpunkte, die einen Brand erst richtig interessant machen? Oder findet man den Brand langweilig, weil er zu geradlinig, zu sauber und ohne

Kraft und Intensität ist? Was wäre ein Single Malt Whisky ohne torfig-teerige, phenolische Noten? Noten, die vielleicht in einem Obstbrand geradezu nach scheinbar objektiven Kriterien verboten sind? Warum lieben viele die Bittermandeltöne und andere verabscheuen sie? Warum bevorzugen Kenner die Holznoten in Fruchtbränden, wo andere wiederum von zarten Fruchtnuancen schwärmen? Weshalb empfinden Kirschliebhaber dezente Vorlaufnoten als das Tüpfchen auf dem i, während der Fachjuror dies als negativ beurteilt?

Kombinationen

Einleitung
Kirsch kann hervorragend mit zahlreichen Lebensmitteln kombiniert werden. Es ist deshalb nicht erstaunlich, dass zwei Drittel der Schweizer Kirschproduktion verarbeitet wird. In der Fachschule Richemont, Luzern, und in einer der größten Destillerien der Schweiz wurden drei verschiedene Typen von Kirschbränden untersucht.

Kirsch Typ A
Sehr harmonisch, wenig Estergehalt, wenig Frucht, sehr schwach im Aroma. Niedriges Preissegment.
Beurteilung: Eignet sich für sehr niedrige Anforderungen, geschmacklich wenig prägnant und mild.

Kirsch Typ B
Sehr fruchtig, sehr aromatisch, unharmonisch, wenig bis gar keine Esternoten. Hohes Preissegment.
Beurteilung: Eignet sich für hohe Anforderungen, geschmacklich kräftig und fruchtig.

Kirsch Typ C
Sehr kräftig und aromatisch, reif wenig harmonisch, sehr hoher Estergehalt. Mittleres Preissegment.
Beurteilung: Fordernd und kräftig.

Kirsch ist nicht gleich Kirsch. Bei den drei Kirschtypen gibt es deutliche Unterschiede. Sie sollen so eingesetzt werden, dass das Endprodukt stimmt.

Typ	Einsatzbereich
A	Fasnachtschüechli, Schenkeli, Brunsli, Basler Leckerli, Blätterteiggebäcke, Käsefondue
B	Torten, Cremes, Eis, Füllungen
C	Likörstängelchen und -kugeln mit und ohne Zuckerkruste, Gradation 45–60 %

Pikante Rezepte

Zweierlei Ziegenfrischkäse

für 2 Personen als Vorspeise

1 kleiner Ziegenfrischkäse
1 kleiner Ziegenfrischkäse mit Edelasche
2 EL Kirschenbalsam
1 EL Kirschensaft von Balsamico-Kirschen, Seite 78
1 Prise Cayennepfeffer
25 g Milchschokolade mit Chili
Chutney von schwarzen Kirschen, Seite 79
Thymian für die Garnitur

1 Kirschenbalsam und Kirschensaft in einem Pfännchen auf 1 EL einkochen, mit Cayennepfeffer abrunden.
2 Milchschokolade mit dem Sparschäler in Späne hobeln.
3 Natur-Ziegenfrischkäse halbieren, auf Teller legen, mit dem eingekochten Kirschenbalsam umgeben, mit den Schokospänen garnieren. Edelasche-Ziegenfrischkäse ebenfalls halbieren, auf dem Kirschenchutney anrichten. Mit Thymian garnieren.

Tipps

Für ein spezielles «Zwischendurch» oder als Starter oder als Schlusspunkt bei einem mehrgängigen Menü. Mit Baguette servieren.

Ziegenkäsetoast mit Blattsalat

für 2 Personen als Vorspeise

2 Scheiben Toastbrot ohne Rinde

Toastbelag

1 TL Zitronenöl
½ entkernte, gehackte grüne Chilischote
1 EL fein geschnittenes Lauchgrün
1 Ziegenfrischkäse, zerdrückt
1 fein geriebener Ziegenkäse «Crottin Chavignon», ca. 50 g
1 Eigelb von einem Freilandei
1 Msp abgeriebene Zitronenschale
8 entsteinte Dörrkirschen, gehackt
1 TL Steinweichsel-Kirschbrand

Salat

1 Handvoll Schnitt-/Blattsalat, zerpflückt
2 Zweige Kerbel, zerpflückt

Vinaigrette

1 EL Kirschenbalsam
2 EL Haselnussöl
1 TL Kirschensenf, Seite 81
½ TL Kräutersalz
8 entsteinte Dörrkirschen

1 Die beiden Brotscheiben toasten.
2 Das Zitronenöl in einem Pfännchen erwärmen, Chili und Lauchgrün zugeben, kurz dünsten, auskühlen lassen. Restliche Zutaten zugeben, gut vermengen.
3 Den Backofen auf 200 °C vorheizen.
4 Kirschenbalsam, Haselnussöl, Kirschensenf und Kräutersalz zu einer Vinaigrette rühren, Dörrkirschen zugeben.
5 Ziegenkäsemasse auf dem Toastbrot verstreichen. Im vorgeheizten Ofen bei 200 °C etwa 10 Minuten backen. Diagonal in vier Dreiecke schneiden.
6 Den zerpflückten Blattsalat im Halbkreis auf 2 Teller verteilen, Vinaigrette darüber verteilen. Die Toastdreiecke in die Rundung legen, mit Kerbel garnieren.

Kirschen und Käse

Ziegenkäse und Kirschen versprechen kulinarische Spannung und Harmonie: Die Säure des Käses und die Süße der Kirsche ergänzen sich wunderbar.

Kirsch im Gaumen

Steinweichsel-Kirschbrand hat ein dezentes Aroma von Sauerkirschen und Bittermandeln.

Weichselkaltschale mit Tandoorispießchen

für 2 Personen als Vorspeise

Weichselkaltschale

300 g entsteinte Weichselkirschen
½ dl/50 ml Moscato
½ EL fein geriebener Ingwer
½ entkernte, gehackte rote Thai-Chilischote
½ TL Tandooripaste
2 EL Crème fraîche
1 TL Sojasauce
½ dl/50 ml Prosecco

4 EL Kirschenchutney, Seite 79

Geflügelspießchen

120 g Poulet-/Hähnchenbrust, in 6 Würfeln
1 TL Tandooripaste
½ Limette, Saft
Olivenöl zum Braten

2 Pfefferminztriebspitzen

2 Papadam (Linsenfladen)
1 dl/100 ml Olivenöl zum Backen der Linsenfladen

1 Für die Kaltschale Moscato, Ingwer und Chili aufkochen, Weichselkirschen beigeben, nochmals aufkochen, mit der Tandooripaste fein mixen. Im Mixbecher 1 Stunde kühl stellen. Crème fraîche und Sojasauce unmittelbar vor dem Servieren unterrühren, mit dem Prosecco aufmixen.

2 Das Kirschenchutney fein mixen, auf zwei Schalen verteilen.

3 Pouletfleischwürfel mit Tandooripaste und Limettensaft würzen, je drei Würfel auf ein Spießchen reihen. In einer Bratpfanne im Olivenöl rundum braten.

4 Für die Linsenfladen das Olivenöl in einem hohen Saucenpfännchen auf ca. 180 °C erhitzen, Fladen darin backen.
Die gekühlte Kaltschale über einen Löffel auf das Chutney fließen lassen. Die Tandoorispießchen auf die Suppenschalen legen, mit den Minzezweiglein garnieren.

Thunfisch auf weißem Spargel, mit Kirschensenf

für 2 Personen als Vorspeise

2 Thunfischmedaillons, je 60 g
frisch gemahlener schwarzer Pfeffer
2 EL Sesamöl

Fischmarinade

2 EL Kirschenbalsam
½ TL Zucker, für die Marinade
½ TL Austernsauce
1 TL geriebener Ingwer
½ entkernte, gehackte rote Chilischote

8 weiße Spargel
1 TL Zucker
½ EL Salz
1 EL Butter
1 EL Kirschenessig
2 EL kalt gepresstes Rapsöl
½ TL Kräutersalz

1 EL Brunoise von roter Chilschote und roter Zwiebel
8 entsteinte Kirschen, geviertelt

50 g Kirschensenf, Seite 81

1 Für die Fischmarinade Kirschenbalsam, Zucker und Austernsauce in einem Pfännchen leicht erwärmen, Ingwer und Chili beifügen, Marinade 1 Stunde ziehen lassen.
2 Thunfischmedaillons mit dem Pfeffer würzen, mit dem Sesamöl beträufeln. Eine Grillpfanne erhitzen, Fischmedaillons beidseitig grillen, in der Fischmarinade wenden, 1 Stunde marinieren.
3 Oberen Teil des weißen Spargels sparsam, unteren Teil großzügig schälen, bis alle grobfasrigen Teile entfernt sind, Schnittstelle kürzen. In einem Topf etwa 2 Liter Wasser mit Zucker, Salz und Butter erhitzen, Spargel zugeben, 10 Minuten bei mittlerer Hitze kochen, weitere 10 Minuten zugedeckt neben dem Kochfeld nachgaren lassen.
4 Für die Spargel-Vinaigrette Kirschenessig, Rapsöl, Kräutersalz und 1 EL Fischmarinade verrühren.
5 Den Spargel längs halbieren, mit Kirschenstückchen, Chili und roten Zwiebeln auf vorgewärmten Tellern anrichten, mit der Vinaigrette beträufeln. Die Thunfischmedaillons aufschneiden, auf den Spargel legen. Kirschensenf separat servieren.

Gespickte Jakobsmuscheln und Grünspargel auf Kirschenkompott

für 4 Personen als Vorspeise

Kirschenkompott

1 dl/100 ml Wasser
3 EL Akazienblütenhonig
80 g entsteinte Süßkirschen
½ entkernte, gehackte rote Chilischote
½ EL Maisstärke
2 EL Kirschenessig
2 EL Apfelsaft
1 TL Sojasauce
2 EL Kirschenbalsam
½ TL Kräutersalz

Muscheln

8 Jakobsmuscheln
8 feine Streifen rote Chilischote
2 EL Zitronenöl

24 grüne Spargel
1 EL Olivenöl extra nativ
frisch gemahlener schwarzer Pfeffer
wenig Fleur de sel

1 Für das Kirschenkompott Wasser, Akazienhonig und Kirschen aufkochen, neben dem Kochfeld 10 Minuten ziehen lassen, grob mixen. Chili unterrühren. Stärke, Kirschenessig und Apfelsaft glattrühren, zu den Kirschen geben, aufkochen, 2 Minuten bei mittlerer Hitze kochen, Kompott mit Sojasauce, Kirschenbalsam und Kräutersalz abschmecken.
2 Den Backofen auf 60 °C aufheizen.
3 Den unteren Teil des Spargels schälen, die Schnittstelle großzügig kürzen. Im Dampf knackig garen.
4 Jakobsmuscheln unter fließendem Wasser waschen, mit Küchenpapier trockentupfen. Mit den Chilistreifen spicken, mit Zitronenöl beträufeln. Eine Grillpfanne aufheizen, Muscheln beidseitig je 1 Minute grillen. Im vorgewärmten Backofen garziehen lassen.
5 Den Spargel im Olivenöl wenden, mit Salz und Pfeffer würzen.
6 Das Kirschenkompott auf vorgewärmten Tellern anrichten, Grünspargel und Jakobsmuscheln darauflegen.

Beschwipste Kalbsleberwürfel mit Balsamico-Kirschen

für 2 Personen als Mahlzeit

160 g Kalbsleber, in 1 cm großen Würfeln
2 EL im Holzfass gereifter Kirschbrand
2 TL Maisstärke
1 EL Ingwerwürfelchen (Brunoise)
frisch gemahlener schwarzer Pfeffer
1 EL Olivenöl extra nativ
1 Schalotte, in Streifen
4 EL Flüssigkeit von den Balsamico-Kirschen
4 EL Bratenjus
4 EL Balsamico-Kirschen, Seite 78
20 g gekühlte Butterwürfelchen
1 TL Fleur de sel

Artischocken-Pastinaken-Frittata

2 Pastinaken
1 mittelgroße Artischocke
1 TL rosa Pfefferkörner, zerdrückt
1 Freilandei, verquirlt
Meersalz
½ TL getrocknete Thymianblättchen
Olivenöl extra nativ zum Braten

1 Kalbsleber mit Kirschbrand, Stärke, Ingwer und Pfeffer mischen, 20 Minuten marinieren.

2 Für die Frittata die Pastinaken schälen und auf der Röstiraffel reiben. Die Spitzen der Artischocke abschneiden, den Stiel auf einen Zentimeter kürzen, alle grünen Stellen mit dem Sparschäler abschälen, Artischocke halbieren, Blütenfäden entfernen, die Artischockenhälften in Stückchen schneiden. Pastinaken und Artischocken mit restlichen Zutaten mischen. Die Gemüsemasse in 4 Portionen teilen, in einer beschichteten Bratpfanne im Olivenöl bei mittlerer Hitze 4 Frittatas braten.

3 Backofen mit 5 Tellern auf 70 °C erwärmen.

4 In einer Bratpfanne das Olivenöl erhitzen, die Kalbsleberwürfel rundum anbraten, auf einen vorgewärmten Teller geben und im Ofen warm stellen. Schalotten in der Bratpfanne glasig dünsten, ablöschen mit der Kirschenflüssigkeit und Bratenjus, Balsamico-Kirschen beigeben, mit den Butterwürfelchen aufrühren. Die Leber mit Fleur de Sel bestreuen, in der Sauce schwenken.

5 Kalbsleber und Frittata auf vorgewärmten Tellern anrichten.

Tipp

Kalbsleber auf getoastetem Toastbrot mit Nüssli-/Feldsalat als Vorspeise servieren.

Kirsch im Gaumen

Im Holzfass gereifter Kirschbrand Barrique: dezente Holznote, süßlich, Vanille.

Rosa gebratene Entenbrust mit Stangensellerie und Weichselkirschen

für 2 Personen als Mahlzeit

1 Entenbrust
½ TL zerdrückte Koriandersamen
½ TL Zitronenpfeffer
1 TL Fleur de sel
1 EL Olivenöl extra nativ

4 Spross Stangen-/Staudensellerie
1 EL Orangenöl
frisch gemahlener schwarzer Pfeffer
Meersalz

100 g Kompott von Weichselkirschen, Seite 80
1 dl/100 ml Bratenjus
1 Schalotte, gehackt

Gefüllte Fotzelschnitten

2 EL Olivenöl extra nativ
4 Scheiben altbackene Brioche oder Zopf
50 g Kirschenkonfitüre mit Pfiff, Seite 84
1 Freilandei
1 EL geschroteter Tropic-Pfeffer (bunte Pfeffermischung)
1 dl/100 ml Milch

1 Backofen auf 150 °C vorheizen. Backblech und Kuchengitter warm stellen.

2 Die Haut des Entenbrüstchens mit einem scharfen Messer rhombenartig einschneiden. Koriander, Zitronenpfeffer und Fleur de sel mischen. Entenbrüstchen mit der Würzmischung einreiben. Das Olivenöl in einer Bratpfanne erhitzen, Entenbrüstchen auf der Hautseite bei mittlerer Hitze rund 5 Minuten braten, drehen und weitere 3 Minuten braten. Auf dem Kuchengitter im vorgeheizten Backofen bei 150 °C 10 Minuten braten. Ofen auf 80 °C zurückschalten (Temperatur bei offener Türe sinken lassen). Das Fleisch im geschlossenen Backofen 20 Minuten garziehen lassen.

3 Stangensellerie mit dem Sparschäler schälen, in 8 oder 12 Stücke schneiden. Im Dampf knackig garen. Gemüse mit Orangenöl, Pfeffer und Meersalz würzen, im Ofen warm stellen.

4 Die Weichselkirschen abgießen und den Fond auffangen. Fond mit Bratenjus und Schalotten in einem Pfännchen auf drei Viertel einkochen. Vor dem Servieren die Weichselkirschen beifügen.

5 Briochescheiben mit der Konfitüre bestreichen, je zwei Scheiben mit dem Belag nach innen aufeinanderlegen. Das Ei in einem Suppenteller verquirlen, mit dem Pfeffer würzen. Olivenöl in einer beschichteten Bratpfanne erhitzen. Briochescheiben zuerst in der Milch, dann im Ei wenden, im Olivenöl beidseitig braten. 5 Minuten stehen lassen, längs in 3 Stücke schneiden.

6 Kirschenkompott, Stangensellerie und Fotzelschnitten auf vorgewärmten Tellern anrichten. Entenbrust in Scheiben schneiden und darauflegen.

Kaninchen und Lobsterschwanz Apfel-Lauch-Salat mit Kirschenvinaigrette

für 2 Personen als Mahlzeit

1 EL Olivenöl extra nativ
2 Kaninchenrückenfilets
frisch gemahlener schwarzer Pfeffer
1 entkernte grüne Chilischote, in Streifen
4 Scheiben Rohschinken
1 kleiner Lobsterschwanz
1 TL Fleur de sel
frisch gemahlener schwarzer Pfeffer

Apfel-Lauch-Salat

1 rotbackiger Apfel
1 Lauch, nur gelbe Teile, in Streifchen
1 EL geröstete Pinienkerne, zerkleinert

Kirschenvinaigrette

2 EL Kirschenessig
3 EL Haselnuss- oder Pinienkernöl
1 Prise Zucker
½ TL Kräutersalz
1 Msp Cayennepfeffer
20 entsteinte, geviertelte Kirschen

1 Backofen auf 80 °C vorheizen. Backblech und Kuchengitter warm stellen.

2 Die Kaninchenrückenfilets mit schwarzem Pfeffer kräftig würzen, eines mit den Chilistreifen belegen, das zweite darauflegen, mit dem Rohschinken umwickeln. In einer Bratpfanne im Olivenöl rundum 5 Minuten anbraten. Auf das Kuchengitter legen und warm stellen.

3 Den Lobsterschwanz mit Schale längs halbieren und in der Fleischpfanne braten, bis die Schale rot ist. Das Schwanzfleisch leicht aus der Schale heben, mit Fleur de sel und Pfeffer würzen, auf dem Gitter im Ofen warm stellen.

4 Für die Vinaigrette Kirschenessig und Nussöl in einem Pfännchen auf 50 °C erwärmen, Zucker unterrühren, mit Kräutersalz und Cayennepfeffer würzen. Die Kirschen in der Vinaigrette erwärmen.

5 Den Apfel vierteln, entkernen, in Scheiben schneiden. Apfelscheiben und Lauchstreifen auf Teller verteilen. Pinienkerne darüberstreuen. Die Kirschenvinaigrette darüber verteilen. Das Kaninchenfilet aufschneiden, mit den Lobsterhälften auf die Teller legen.

Zickleinrücken mit Dörrkirschen und Cantucci

für 2 Personen als Mahlzeit

1 EL Olivenöl extra nativ
1 Zickleinrücken, nur den Sattel, vom Metzger ausgelöst (Knochen mitnehmen)
12 Dörrkirschen
3 cl sortenreiner Zopf-Kirschbrand
6 zerdrückte Cantucci
10 gehackte Pistazien
4 dünne Scheiben Parmaschinken
1 TL Fleur de sel
1 EL gehackte Rosmarinnadeln
je 1 Zweiglein Thymian und Rosmarin

Dörrkirschenjus

1 EL Olivenöl extra nativ
Knochen vom Zickleinrücken
100 g Röstgemüse: Zwiebeln, Knollensellerie, Karotte, geschält und zerkleinert
1 Tomate, geviertelt
1 dl/100 ml Vinsanto
2 dl/200 ml Kalbsfond
je 1 Zweiglein Rosmarin und Thymian
1 Lorbeerblatt
10 Dörrkirschen
20 g gekühlte Butterwürfelchen
1 Prise Cayennepfeffer
4 EL sortenreiner Webers Sämling oder Zopf-Kirschbrand

1 Dörrkirschen mit dem Kirsch beträufeln, über Nacht zugedeckt einweichen.
2 Zickleinknochen in einem Brattopf im Olivenöl anbraten, Röstgemüse und Tomaten beigeben, unter Rühren goldbraun braten. Den Topfinhalt in ein Sieb geben und das Fett abtropfen lassen. Bratsatz mit Vinsanto und Kalbsfond auflösen, Kräuter, Lorbeerblatt und Röstgemüse zugeben, bei mittlerer Hitze 30 Minuten köcheln lassen. Den Topfinhalt durch ein feines Sieb passieren. Fond mit den Dörrkirschen auf 2 dl/200 ml einkochen lassen.
3 Für die Fleischfüllung Cantucci, Pistazien und eingelegte Dörrkirschen mischen, auf den Gitzirücken verteilen, satt einrollen. Die Enden mit dem Parmaschinken verschließen, mit Küchenschnur binden. Mit Fleur de sel und Rosmarin würzen.
4 Den Backofen auf 180 °C vorheizen.
5 Das Olivenöl in einer Bratpfanne erhitzen, den Zickleinrücken im Brattopf rundum anbraten, Kräuter zugeben, Brattopf in den Ofen schieben, bei 180 °C 10 Minuten braten oder bis zu einer Kerntemperatur von 52 °C. Aus dem Backofen nehmen. 10 Minuten stehen lassen. Ofentemperatur auf 75 °C sinken lassen. Topf wieder in den Ofen schieben, Fleisch 30 Minuten garziehen lassen.
6 Dörrkirschenjus erhitzen, mit der gekühlten Butter aufrühren, mit Kirschbrand und Cayennepfeffer abrunden.

Kirsch im Gaumen

Der sortenreine Zopf-Kirschbrand hat eine fruchttypische Bittermandelnote.

Kirsch im Gaumen

Der sortenreine Webers Sämling Kirschbrand hat eine zarte Schokoladennote.

Tipps

Mit gedünstetem Saisongemüse servieren. Der Zickleinrücken kann durch einen Kaninchenrücken ersetzt werden.

Kalbsfilet mit Kirschensenf und Pilzallerlei

für 2 Personen als Mahlzeit

350 g Kalbsfilet vom Mittelstück
Fleur de sel
frisch gemahlener schwarzer Pfeffer
2 EL kalt gepresstes Haselnussöl
2 kleine Zwiebeln, fein gewürfelt
1 Apfel, geschält, entkernt, gewürfelt
1 TL Zitronenpfeffer
1 dl/100 ml Kalbsfond
2 EL Kirschensenf, Seite 81
4 EL abgetropfte Rotweinkirschen, Seite 82
20 g kalte Butterstückchen

Pilzallerlei

1 EL Butter
300 g gemischte Marktpilze
1 kleine Zwiebel, fein gewürfelt
100 g ausgelöste grüne Erbsen
Fleur de sel
frisch gemahlener schwarzer Pfeffer

1 Pilze im Salzwasser blanchieren, abgießen.
2 Den Backofen mit einem Bräter auf 150 °C vorheizen.
3 Das Kalbsfilet mit Fleur de sel und Pfeffer würzen. Haselnussöl, Zwiebeln, Äpfel und Zitronenpfeffer in den Bräter geben, das Kalbsfilet darauflegen. Bräter in der Mitte in den Ofen schieben und das Kalbsfilet bei 150 °C 10 Minuten garen. Den Kalbsfond in einem Pfännchen erhitzen und über das Fleisch gießen. Zugedeckt garen, bis das Filet eine Kerntemperatur von 58 °C hat. Das Filet auf einem Kuchengitter im ausgeschalteten Backofen warm stellen.
4 Den Fond durch ein Sieb mit sanftem Druck in das Pfännchen passieren, auf 2 EL einkochen. Den Kirschensenf unterrühren. Die Kirschen vor dem Servieren in der Sauce erwärmen, mit der Butter aufrühren.
5 Für das Pilzallerlei Butter in einem Pfännchen zerlassen, Zwiebeln zugeben und glasig dünsten, Pilze und Erbsen zugeben, dünsten, bis die Pilze und die Erbsen heiß sind, mit Salz und Pfeffer abschmecken.
6 Die Sauce auf die vorgewärmten Teller verteilen, das Gemüse und das in Scheiben geschnittene Kalbsfilet darauf anrichten.

Süße Rezepte

Briochehupf auf Kirschensturm

für 4 Förmchen von 0,8 dl/80 ml Inhalt
für 4 Personen

Briochehupf

12 Dörrkirschen
½ dl/50 ml frischer Kirschen- oder Apfelsaft
2 dl/200 ml Rahm/Sahne
1 Vanilleschote, aufgeschnitten
100 g Brioche oder altbackener Zopf, gewürfelt
2 Freilandeier
weiche Butter für die Form

Kirschensturm

½ dl/50 ml kräftiger Rotwein, z. B. Valpolicella
1 EL Zucker
1 Zimtstange
300 g entsteinte schwarze Kirschen, z. B. Basler Adler
1 TL Maisstärke
1 EL Original Zuger Kirsch, 41 %

1 Für den Kirschensturm Rotwein, Zucker und Zimtstange aufkochen, Kirschen zugeben, bei schwacher Hitze 3 Minuten kochen. Stärke und Kirsch verrühren, unter die Kirschen rühren, bei schwacher Hitze 2 Minuten kochen. Das Kirschensüppchen in einer Schüssel zugedeckt auskühlen lassen.

2 Briochewürfelchen auf einem Kuchenblech im Ofen bei 180 °C goldgelb rösten.

3 Für den Briochehupf Dörrkirschen und Kirschensaft aufkochen, etwa 10 Minuten zugedeckt quellen lassen. Rahm und Vanilleschote aufkochen, zugedeckt etwa 20 Minuten stehen lassen. Eier schaumig schlagen. Den Vanillerahm nochmals aufkochen, das Vanillemark abstreifen und zum Rahm geben. Den heißen Vanillerahm nach und nach unter die Eier schlagen.

4 Förmchen mit weicher Butter einfetten. Briochewürfelchen und Dörrkirschen in die Förmchen füllen, Vanillecreme darübergießen. Briochehupf in der Mitte in den Ofen schieben, bei 180 °C 20 Minuten backen.

5 Den Kirschensturm in Suppentellern anrichten, Briochehupf daraufsetzen.

Kirsch im Gaumen

Original Zuger Kirsch, 41 %: traditionell typischer Zuger Kirsch mit zarter Fruchtesternote.

Weichselkirschenkompott mit gefüllter Kirschwaffel

für 8 Waffeln
für 4 Personen

Waffelteig

100 g Weißmehl/Mehl Type 405
1½ dl/150 ml Rahm/Sahne
2 Eigelbe von Freilandeiern
1 EL Akazienblütenhonig
2 EL Steinweichsel-Wild-Kirsch
wenig fein abgeriebene Orangenschale
2 Vanilleschoten, aufgeschnitten
30 g flüssige Butter
3 Eiweiß von Freilandeiern
1 Prise Salz
30 g Zucker

Weichselkirschenkompott

250 g entsteinte Weichselkirschen
2 EL Zucker
½ dl/50 ml Süßwein, z. B. Riesling Auslese
½ dl/50 ml Cherry-Fruchtbrand-Likör
2 EL Apfelsaft
1 TL Maisstärke

Vanillerahm

1 dl/100 ml Rahm/Sahne
1 Vanilleschote, aufgeschnitten
1 EL Zucker
wenig abgeriebene Zitronenschale
1 EL Vanillesirup

1 Für den Waffelteig Mehl, Rahm, Eigelbe, Akazienhonig, Kirsch, Orangenschale, abgestreiftes Vanillemark und flüssige Butter zu einem Teig rühren. Eiweiß mit einer Prise Salz aufschlagen, Zucker einrieseln, Eiweiß zu Schnee schlagen. Die Hälfte Eischnee unter den Teig rühren, den Rest sorgfältig unterheben. Das Waffeleisen vorheizen. Bei mittlerer Hitze 8 Waffeln backen. Auf einem Kuchenblech im Ofen bei 50 °C warm stellen.

2 Für das Weichselkirschenkompott den Zucker im Süßwein in einem Saucenpfännchen bei schwacher Hitze auflösen, über die Kirschen gießen. Zugedeckt 30 Minuten stehen lassen. Das Kompott mit dem Fruchtbrand-Likör in der Saucenpfanne erneut erhitzen. Die Maisstärke mit dem Apfelsaft glattrühren, zu den Kirschen geben, bei mittlerer Hitze 2 Minuten köcheln lassen. In einer Schüssel zugedeckt auskühlen lassen.

3 Rahm mit abgestreiftem Vanillemark, Zitronenschalen und Zucker steif schlagen, Vanillesirup unterrühren. Waffeln mit dem Vanillerahm füllen.

Kirsch im Gaumen

Steinweichsel: dezente Aromatik von Sauerkirschen und Bittermandeln.

Nusskirsch-Zabaione auf Kirschencoulis

für 4 Personen

Kirschencoulis

200 g entsteinte schwarze Kirschen, z. B. Heidegger oder Basler Langstieler
2 EL Herzkirschenkonfitüre, Seite 84
1 EL Rum Fass Kirsch
2 EL gehackte Amarenenkirschen (aus dem Glas, Fertigprodukt)

Zabaione

3 Eigelbe von Freilandeiern
1 Freilandei
4 EL Zucker
½ d/50 ml Prosecco
4 cl Zuger Nusskirsch

Filoteiglocken

2 Blätter Filo- oder Strudelteig
1 EL flüssige Butter
Puderzucker

1 Für das Kirschencoulis entsteinte Kirschen, Kirschenkonfitüre und Kirsch fein pürieren. Durch ein Sieb streichen. Amarenenkirschen unterrühren. Coulis auf 4 Burgunder-Gläser verteilen.

2 Den Backofen auf 180 °C vorheizen.

3 Ein Filoteigblatt mit der flüssigen Butter bestreichen und mit Puderzucker bestäuben. Das zweite Teigblatt darauflegen und leicht andrücken, mit restlicher flüssiger Butter bestreichen. Bänder von 1 cm Breite schneiden und diese um einen eingefetteten Chromstahlstab auf einem Backblech im vorgeheizten Ofen bei 180 °C 8 Minuten backen. Die Locken vorsichtig vom Stab schieben und mit Puderzucker bestäuben.

4 Für die Zabaione Eigelbe, Ei und Zucker in einer Chromstahlschüssel über dem kochenden Wasser cremig und luftig aufschlagen. Prosecco und Nusskirsch unterschlagen. Über dem kochenden Wasser 10 Minuten weiterschlagen, in die Gläser füllen.

Kirsch im Gaumen (Kirschencoulis)

Rum Fass (Cask) Kirsch: feinfruchtiges Kirscharoma mit dezenter Jamaica-Rum-Note.

Kirsch im Gaumen (Zabaione)

Nusskirsch: Kirschbrand mit dezent schön eingebundener Baumnussnote.

Kirschcreme mit Lauerzer Kirsch auf Erdbeerragout

für 8 Gläser von ½ dl/50 ml Inhalt

Kirschcreme

1 Rezeptmenge Vanillecreme, Seite 63
½ dl/50 ml Rahm/Sahne
2 EL sortenreiner Lauerzer Kirsch

Feines Erdbeerragout

250 g Erdbeeren
50 g Zucker
1 EL Erdbeerlikör
2 Spritzer Zitronensaft

1 Die 2 schönsten und kleinsten Erdbeeren für die Garnitur beiseite stellen. Die Hälfte der Erdbeeren klein würfeln. Restliche Erdbeeren mit Zucker, Erdbeerlikör und Zitronensaft pürieren, Erdbeerwürfelchen untermischen. In passende Gläser füllen und kühl stellen.

2 Vor dem Servieren den Rahm steif schlagen, unter die Vanillecreme rühren, mit dem Kirsch abrunden. Vanillecreme in die Gläser füllen, mit einer Erdbeere garnieren.

Kirsch im Gaumen

Sortenreiner Lauerzer Kirsch: Schokoladennote, leicht süßlich, mit eingebundener Steinnote.

Abbildung links

Milchkaffeecreme mit Dollenseppler Kirschbrand

für 8 Gläser von ½ dl/50 ml Inhalt

1¼ dl/125 ml Milch
4 EL zerdrückte Kaffeebohnen
1¼ dl/125 ml Rahm/Sahne
1 TL Maisstärke
3 Eigelbe von Freilandeiern
75 g Zucker
Zucker zum Bestreuen
½ dl/50 ml Rahm/Sahne
2 EL sortenreiner Dollenseppler Kirschbrand

Schokoladenspäne für die Garnitur

1 Die Milch aufkochen, über die Kaffeebohnen gießen. Zugedeckt 20 Minuten ziehen lassen. Die Milch durch ein Sieb in eine Schüssel passieren. Die Maisstärke mit dem Rahm glattrühren, unter die Milch rühren.
2 Eigelbe und Zucker zu einer luftigen Masse aufschlagen. Die Milch aufkochen, unter die aufgeschlagene Eigelbmasse rühren. Die Creme in die Pfanne gießen und unter Rühren bei mittlerer Hitze unter dem Kochpunkt binden. Die Creme darf auf keinen Fall kochen und sollte nicht heißer als 85 °C werden. Die Creme durch ein feines Sieb in eine Schüssel passieren. Mit Zucker bestreuen, zugedeckt auskühlen lassen. Milchkaffeecreme im Kühlschrank 2 Stunden durchkühlen lassen.
3 Den Rahm steif schlagen.
4 Die Milchkaffeecreme glatt schlagen, Schlagrahm und Kirsch unterziehen. In Gläser füllen. Mit den Schokospänen garnieren.

Kirsch im Gaumen

Sortenreiner Dollenseppler Kirschbrand: zarte Himbeernote.

Abbildung Seite 61, hinten

Amarenencreme mit Cuvée Kirschbrand auf Balsamico-Kirschenpulpe

für 8 Gläser von ½ dl/50 ml Inhalt

Vanillecreme

3 Eigelbe von Freilandeiern
75 g Zucker
wenig fein abgeriebene Orangenschale
1¼ dl/125 ml Milch
1¼ dl/125 ml Rahm/Sahne
1 TL Maisstärke
1 Vanilleschote, aufgeschnitten
Zucker zum Bestreuen

6 EL Balsamico-Kirschen, Seite 78
4 EL Herzkirschenkonfitüre, Seite 84
4 EL geviertelte Amarenenkirschen (aus dem Glas, Fertigprodukt)
½ dl/50 ml Rahm/Sahne
2 EL Cuvée Kirschbrand

4 schöne Kirschen für die Garnitur

1 Für die Vanillecreme die Eigelbe mit dem Zucker und den Orangenschalen zu einer luftigen, festen Creme aufschlagen. Milch, Rahm und Stärke in einer Pfanne glattrühren, Vanilleschote zugeben, unter Rühren aufkochen. Das Milch-Rahm-Gemisch unter die Eigelbmasse rühren. Die Creme zurück in die Pfanne geben, bei mittlerer Hitze erwärmen und unter dem Kochpunkt binden. Die Creme darf nicht heißer als 85 °C werden. Das Vanillemark abstreifen und unter die Creme rühren. Die Vanillecreme durch ein feines Sieb in eine Schüssel passieren. Mit Zucker bestreuen. Auskühlen lassen. Mindestens 2 Stunden in den Kühlschrank stellen.

2 Balsamico-Kirschen und Kirschenkonfitüre grob pürieren, Amarenenkirschen unterrühren, auf die Gläser verteilen.

3 Den Rahm steif schlagen.

4 Die Vanillecreme glatt schlagen, Schlagrahm und Kirsch unterziehen, in die Gläser füllen. Mit einer Kirsche garnieren.

Kirsch im Gaumen

Cuvée Kirschbrand: harmonisch, elegant, mit weichem und sanftem Charakter.

Abbildung Seite 61, rechts

Halbgefrorenes mit Weichselkirschen auf Schokosauce, Kirschknusperli

für 4 Förmchen, für 4 Personen

Halbgefrorenes

2 EL Kirschenbalsam
2 EL Saft von eingelegten Weichselkirschen, Seite 80
1 Orange, abgeriebene Schale von ¼ Frucht und Saft der ganzen Frucht
2 Eigelbe von Freilandeiern
50 g Zucker
2 Eiweiß
1 Prise Salz
1 EL Zucker
2 dl/200 ml Rahm/Sahne
12 gehackte Amarenenkirschen (aus dem Glas, Fertigprodukt)

5o g gehackte Pistazien
einige Kirschen, entsteint, in Streifen
Minze

Kirschknusperli

100 g Weißmehl/Mehl Type 405
½ EL Zucker
½ Briefchen Vanillezucker
2 EL Baselbieter Kirschbrand
2 EL kalter Schwarztee
1 Prise Salz
1 EL Haselnussöl
2–3 dl/200–300 ml Olivenöl zum Backen
Puderzucker zum Bestäuben

Schokoladensauce

140 g Zartbitterschokolade, 70 % Kakao
1 dl/100 ml Milch
2 EL traditioneller Jahrgangskirsch

1 Für die Schokoladensauce die Schokolade hacken und in eine Schüssel geben. Die Milch aufkochen, mit dem Kirsch über die Schokolade gießen. 2 Minuten stehen lassen. Sauce mit einem Holzlöffel glattrühren.

2 Dessertförmchen kühl stellen.

3 Den Kirschenbalsam mit dem Saft und dem Orangensaft in einem Saucenpfännchen auf 2 EL einkochen. Eigelbe, Zucker, Orangenschale und Reduktion luftig aufschlagen. Das Eiweiß mit dem Salz zu Schnee schlagen, den Zucker zum Schluss einrieseln lassen, weiterschlagen, bis die Masse fest ist. Den Eischnee unter die Eigelbmasse heben. Den Rahm steif schlagen und unterheben. In die vorgekühlten Förmchen füllen. Im Tiefkühler etwa 30 Minuten anfrieren lassen, gehackte Amarenenkirschen in die angefrorene Masse drücken. 2 Stunden tiefkühlen.

4 Für die Kirschknusperli das Mehl auf die Arbeitsfläche sieben, eine Vertiefung drücken. Zucker, Vanillezucker, Kirsch, Schwarztee und Salz in die Vertiefung geben, zu einem Teig zusammenfügen. Den Teig in Klarsichtfolie einpacken. 1 Stunde ruhen lassen. Den Teig in drei 3 gleich große Stücke teilen. Jeden Teil zu einem dünnen Band ausrollen. Mit dem Haselnussöl bestreichen. Die Bänder beidseitig zur Mitte einschlagen. Mit dem Haselnussöl bestreichen und zusammenklappen. Die Teile wiederum dünn ausrollen und beliebige Formen schneiden. Im 180 °C heißen Olivenöl knusprig backen. Auf ein mit Haushaltpapier belegtes Kuchenblech legen. Mit Puderzucker bestäuben.

5 Förmchen kurz in heißes Wasser tauchen, den Rand des Halbgefrorenen lösen. Die Köpfchen auf Teller stürzen, die Pistazien an den Rand drücken, die Eisköpfchen mit Kirschen und Minze garnieren, mit der Schokoladensauce umgießen, mit dem Knuspergebäck servieren.

Kirsch im Gaumen

Baselbieter Kirschbrand: weicher, harmonischer, zart esterbetonter Kirschbrand.

Schokomousse und Kirschencoulis mit beschwipster Kirsche

für 4 Personen

Kirschencoulis

10 beschwipste, entsteinte Kirschen, Seite 80
150 g entsteinte Herzkirschen
2 EL Saft der beschwipsten Kirschen
2 EL Weichselkirschensirup, Seite 85
½ TL Maisstärke, mit wenig Wasser angerührt

Schokomousse

2 dl/200 ml Rahm/Sahne
100 g gehackte Valrhona «Grand cru chocolat noir», Araguani 72 %
2 Eiweiß von Freilandeiern
2 EL Zucker
2 Eigelbe
2 EL traditioneller Jahrgangs-Kirschbrand
4 beschwipste Kirschen für die Garnitur, Seite 80

1 Alle Zutaten für das Kirschencoulis in einen Topf geben, aufkochen, Coulis 2 Minuten schwach kochen, pürieren. Auskühlen lassen. Auf 4 Dessertgläser verteilen.

2 Für die Schokomousse den Rahm steifschlagen, kühl stellen.

3 Die Schokolade zerbröckeln und in eine Chromstahlschüssel geben, über dem kochenden Wasser schmelzen. Das Eiweiß schaumig schlagen, 1 EL Zucker einrieseln lassen, zu einem festen Schnee schlagen. Eigelbe mit dem restlichen Zucker und dem Kirsch in einer Chromstahlschüssel über dem kochenden Wasser luftig aufschlagen, Schokolade unterrühren. Zuerst Eischnee, dann Schlagrahm unterheben.

4 Schokoladenmousse in einen Spritzbeutel mit glatter Tülle füllen, in das Coulis spritzen, das heißt die Tülle auf den Glasboden halten. Gläser 1 Stunde zugedeckt kühl stellen. Vor dem Servieren mit den beschwipsten Kirschen garnieren.

Kirsch im Gaumen

Jahrgangskirsch (70er Jahre): intensives Kirschenaroma mit kräftiger Esternote.

Früchtepotpourri mit Kirschensirup und Prosecco

für 2 Personen

1 Apfel
10 schwarze Kirschen
6 Erdbeeren
1 Limette, Saft
2 EL Kirschen-Johannisbeer-Gewürz-Sirup, Seite 85
1 dl/100 ml Prosecco oder Chirschidrink

1 Den Apfel ungeschält vierteln, Kerngehäuse entfernen, die Viertel in feine Spalten schneiden. Die Kirschen entsteinen und halbieren. Die Erdbeeren vierteln.
2 Den Limettensaft mit dem Kirschen-Johannisbeer-Gewürz-Sirup verrühren.
3 Die Früchte dekorativ in Gläser füllen, mit dem Limetten-Kirschensirup übergießen, auffüllen mit Prosecco oder Chirschidrink.

Bündner Röteliglace auf Kirschencoulis

für 4 Personen

Röteliglace

2½ dl/250 ml Milch
1½ dl/150 ml Rahm/Sahne
2 Vanilleschoten, aufgeschnitten
3 Eigelbe von Freilandeiern
wenig fein abgeriebene Orangenschale
4 EL Bündner Röteli-Kirschenlikör
125 g Zucker

Kirschencoulis

½ Rezeptmenge Rotweinkirschen mit Bündner Röteli, Seite 82, püriert
½ Rezeptmenge Kompott von Schattenmorellen, Seite 86, püriert

1 Für die Röteliglace Milch, Rahm und Vanilleschoten aufkochen, zugedeckt mindestens 30 Minuten ziehen lassen.
2 Eigelbe, Orangenschalen, Kirschenlikör und Zucker zu einer luftigen, cremigen Masse aufschlagen.
3 Das Vanillemark abstreifen und zum Milchrahm geben, erneut aufkochen. Milchrahm unter die Eigelbmasse rühren. Zurück in den Topf geben, die Creme unter ständigem Rühren bei schwacher Hitze köcheln lassen, bis sie leicht bindet. In einer Schüssel auskühlen lassen. Im Kühlschrank mindestens 2 Stunden durchkühlen lassen. Rötelimasse in der Eismaschine/Sorbetière gefrieren lassen.
4 Rotweinkirschen- und Schattenmorellen-Coulis in tiefe Teller verteilen (siehe Bild), die Röteliglace mit einem Esslöffel portionieren und darauf anrichten.

Trifle

für 6 Gläser

Granola

2 EL Zucker
10 geröstete, grob gehackte Cashewkerne
4 EL geröstete Haferflocken
½ EL Haselnussöl
1 EL grob gehackte Dörrkirschen
je 1 Prise Zimt- und Nelkenpulver

Biskuit

2 Eigelbe von Freilandeiern
20 g Puderzucker
1 TL Vanillezucker
2 Eiweiß von Freilandeiern
1 Prise Salz, 1 EL Zucker
40 g Weißmehl/Mehl Type 405

Mohncracker

3–4 EL Orangensaft
70 g Puderzucker, 20 g Mehl
40 g gemahlene Mohnsamen
½ unbehandelte Orange, fein abgeriebene Schale
40 g flüssige Butter

Mascarponecreme

100 g Mascarpone
50 g Herzkirschenkonfitüre, Seite 84, püriert
1 EL Cherry-Fruchtbrandlikör
1 dl/100 ml Schlagrahm/-sahne

½ Rezeptmenge Vanillecreme, Seite 63
½ Rezeptmenge abgetropftes Schattenmorellenkompott, Seite 86
½ Rezeptmenge abgetropftes Rotweinkirschenkompott, Seite 82

1 Den Backofen auf 200 °C vorheizen. Ein Backblech mit Backpapier belegen.

2 Für das Biskuit Eigelbe, Puderzucker und Vanillezucker zu einer luftigen, festen Creme aufschlagen. Das Eiweiß mit der Prise Salz halbsteif schlagen, Zucker einrieseln lassen, zu einem festen Schnee schlagen. Den Eischnee unter die Eigelbmasse ziehen, das Mehl unterheben. Teigmasse auf dem vorbereiteten Blech etwa 4 mm hoch ausstreichen. Biskuit im vorgeheizten Ofen bei 200 °C 10 Minuten backen. Auskühlen lassen. Das Backpapier ablösen. 6 Rondellen in der Größe der Gläser ausstechen.

3 Für die Mascarponecreme den Mascarpone luftig aufschlagen. Herzkirschenkonfitüre, Likör und Schlagrahm unterziehen.

4 Für die Granola den Zucker in einem Saucenpfännchen leicht karamellisieren. Haferflocken und Nüsse beigeben und ebenfalls kurz karamellisieren. Haselnussöl, Dörrkirschen und Gewürze unterrühren. Die Masse auf ein eingefettetes Kuchenblech verteilen und auskühlen lassen. Die Masse mit dem Nudelholz zerstoßen.

5 Für die Mohncracker alle Zutaten mischen. Die Masse auf einem Backpapier dünn verstreichen. Im Kühlschrank rund 1 Stunde kühlen lassen. Im vorgeheizten Ofen bei 180 °C 11–14 Minuten backen. Auskühlen lassen. Vor dem Servieren in die gewünschte Größe brechen.

6 Für die Trifle alle Zutaten abwechselnd in die Gläser füllen, abschließen mit der Vanillecreme. Garnieren mit den Mohncrackern.

Tipp

Selbst gebackenes Biskuit durch Löffelbiskuits ersetzen.

Donauwellen «Birgit»

für ein Backblech oder eine Gratinform von ca. 22 x 28 cm

Rührteig

175 g weiche Butter
3 Freilandeier
120 g Zucker
120 g Weißmehl/Mehl Type 405
½ Briefchen phosphatfreies Backpulver
1½ EL Kakaopulver
1½ EL Milch
150 g entsteinte Sauerkirchen
120 g entsteinte Herzkirschen
Butter für die Form

Vanillecreme

30 g Vanillepuddingpulver
1 Vanilleschote
½ l Milch
60 g weiche Butter
1 EL Puderzucker

Glasur

150 g Zartbitter-Schokolade, 72 % Kakaogehalt
15 g Kokosfett

Kakaopulver nach Belieben

1 Den Biskuitboden einen Tag zum Voraus backen. Die Gratinform einfetten. Backofen auf 180 °C vorheizen.

2 Butter, Eier und Zucker zu einer festen, luftigen Masse rühren. Mehl und Backpulver mischen, unter die Buttermischung rühren. Die Hälfte der Masse in die eingefettete Form füllen. Den Kakao mit der Milch verrühren, unter die restliche Buttermischung rühren. Den Teig in einen Spritzbeutel mit feiner Lochtülle füllen, über den hellen Teig verteilen. Mit einem Spatel glattstreichen. Sauer- und Herzkirschen auf dem Teig verteilen. Form auf der mittleren Schiene in den vorgeheizten Ofen schieben, das Biskuit bei 180 °C 35 Minuten backen. Auskühlen lassen. Über Nacht kühl stellen.

3 Für die Vanillecreme das Puddingpulver mit ½ dl/50 ml Milch glattrühren. Vanilleschote aufschneiden, das Mark abstreifen, mit den Schotenhälften, dem angerührten Puddingpulver und der Milch in einen Topf geben und unter Rühren aufkochen, 2 Minuten bei mittlerer Hitze kochen. In einer Schüssel zugedeckt abkühlen lassen. Vanilleschote entfernen. Butter mit dem Puderzucker luftig und cremig aufschlagen. Die Vanillecreme löffelweise unter die Buttermischung rühren. Auf dem Kuchen verstreichen. Im Kühlschrank mindestens 1 Stunde durchkühlen lassen.

4 Schokolade zerbröckeln, mit dem Koskosfett in eine Chromstahlschüssel geben und über dem kochenden Wasser schmelzen. Schokolade mit einem Spatel auf der Vanillecreme verstreichen. Nach Belieben mit fein gesiebtem Kakaopulver bestreuen.

Edle Konserven

Balsamico-Kirschen

1½ kg Kirschen, z. B. Bigarreau
3 dl/300 ml Balsamico
2 dl/200 ml weißer Balsamico
½ dl/50 ml Weichselkirsch

1 Die Kirschen entsteinen, in einem Sieb etwa 30 Minuten abtropfen lassen, den Kirschensaft auffangen.
2 Kirschensaft (ca. 4 dl/400 ml) auf die Hälfte einkochen lassen, kochendheiß über die Kirschen gießen, mischen, 30 Minuten ziehen lassen. Die Kirschen in ein Sieb abgießen und den Fond auffangen.
3 Kirschenfond mit Balsamico und weißem Balsamico in einem Topf auf ½ l einkochen lassen.
4 Die Kirschen in Einmachgläser füllen. Den Kirsch unter den Kirschenfond rühren, kochendheiß über die Kirschen gießen. Einmachgläser sofort verschließen. Gläser abkühlen lassen. Kühl und dunkel lagern.

Tipp
Kleine Einmachgläser verwenden. Sie haben den Vorteil, dass der Inhalt schneller aufgebraucht ist.

Aceto Balsamico
Für edle Konserven einen ausgesuchten Balsamico verwenden. Aufgezuckerte Essige sind nicht geeignet und verfälschen das Aroma.

Bigarreau
Große, leuchtend rote bis dunkelrote Kirsche. Saftig und süß.

Chutney von schwarzen Kirschen

500 g schwarze Kirschen, z. B. Basler Adler
300 g Zucker
3 dl/300 ml Apfelsaft
1 EL zerdrückte Koriandersamen
2 EL Ingwerwürfelchen (Brunoise)
½ rote Chilischote, aufgeschnitten, entkernt, Schotenhälften klein gewürfelt (Brunoise)
1 getrocknete Chilischote
1 dl/100 ml Reisessig
1 Zitrone, Saft

1 Zucker in einem Topf hell karamellisieren, mit dem Apfelsaft ablöschen, Gewürze zugeben, die Flüssigkeit auf die Hälfte einkochen lassen. Kirschen und Reisessig zugeben, bei mittlerer Hitze 30 Minuten köcheln lassen. Abrunden mit dem Zitronensaft.

2 Das Kirschenchutney kochendheiß in Konfitürengläser füllen, sofort verschließen. Abkühlen lassen. Kühl und dunkel lagern.

Serviervorschlag

Passt zu Terrinen, Wildgerichten und Ziegenfrischkäse. Ideal zum Veredeln von Saucen.

Basler Adler

Große, kugelige schwarze Kirschen mit saftigem, kräftigem Aroma.

Beschwipste Kirschen

500 g ausgesuchte schwarze Kirschen, z. B. Bigarreau
2 dl/200 ml Bourbon, holzfassgereifter Kirschbrand
120 g Blütenhonig

1 Kirschenstiele auf 1 cm kürzen, Kirschen sorgfältig in ein Einmachglas füllen. Kirsch und Honig in einem Pfännchen leicht erwärmen, bis sich der Honig aufgelöst hat. Warm über die Kirschen gießen. Das Einmachglas verschließen.
2 Die Kirschen im Dampfgarer 20 Minuten bei 85 °C garen.
3 Gläser abkühlen. Kühl und dunkel lagern.

Kirsch im Gaumen

Im Bourbon-Fass gereifter Kirschbrand: feinfruchtiges Kirscharoma mit dezenter Bourbon-Note.

Kompott von Weichselkirschen mit einem Hauch von Orient

500 g entsteinte Weichselkirschen
10 g getrocknete Hibiskusblüten
10 zerdrückte Koriandersamen
1 getrocknete Chilischote
1 Streifen Orangenschale
2 dl/200 ml kochendes Wasser
100 g Orangenblütenhonig
10 g Maisstärke
2 EL Weichselkirsch

1 Hibiskusblüten, Koriandersamen, getrocknete Chilischote und Orangenschale in einer Schüssel mit dem kochenden Wasser übergießen, zugedeckt 10 Minuten ziehen lassen. Den Tee durch ein feines Sieb passieren und erneut aufkochen. Den Orangenblütenhonig unter den Tee rühren, kochendheiß über die Kirschen gießen. Eine Stunde zugedeckt ziehen lassen.
2 Maisstärke und Weichselkirsch glattrühren.
3 Die Weichselkirschen in ein Sieb abgießen, den Fond auffangen. Kirschenfond auf die Hälfte einkochen, Weichselkirschen zugeben, erneut aufkochen, mit der Maisstärke binden.
4 Das Kirschenkompott kochendheiß in kleine Einmachgläser füllen, sofort verschließen. Abkühlen lassen. Kühl und dunkel lagern.

Kirsch im Gaumen

Weichselkirsch: dezentes Bittermandelaroma.

Kirschensenf

500 g entsteinte Kirschen,
z. B. Schauenburger
75 g Zucker
2 dl/200 ml Johannisbeersaft
1 dl/100 ml Moscato d'Asti
2 EL zerdrückte gelbe Senfkörner
1 EL zerdrückte schwarze Senfkörner
2 zerquetschte Kardamomkapseln
3 EL Aceto Balsamico,
z. B. Giusti Banda rossa oder
ein anderer Qualitäts-Balsamico

Einlage

150 g entsteinte, klein geschnittene Kirschen
2 EL gemischte, zerdrückte Senfkörner
2 Msp Cayennepfeffer

1 Den Zucker in einer Pfanne hell karamellisieren, mit dem Johannisbeersaft und dem Moscato ablöschen, Gewürze zugeben, die Flüssigkeit auf die Hälfte einkochen lassen. Die Kirschen beigeben, bei mittlerer Hitze 30 Minuten kochen. Mit dem Stabmixer sehr fein pürieren, das Püree durch ein feines Sieb streichen.

2 Kirschenpüree, Balsamico, Kirschen (Einlage), Senfkörner und Cayennepfeffer unter Rühren 5 Minuten kochen.

3 Kirschensenf kochendheiß in kleine Konfitürengläser füllen, sofort verschliessen. Abkühlen lassen. Kühl und dunkel lagern.

Serviervorschlag

Passt zu Weißschimmelkäse und Siedfleisch. Der Senf ist auch ideal zum Veredeln von Saucen.

Kirschenessig

Kirschenrückstände (Passiersieb) mit 2 dl/200 ml hochwertigem Weinessig und 1 EL Zucker mischen. In einem Dekanter zugedeckt 2 Tage reifen lassen. Durch ein Sieb passieren, Essig auffangen. Essig mit einem hochwertigen Weißweinessig auf ½ l ergänzen, 100 g entsteinte Kirschen zugeben. Die Flasche verschließen. Kirschenessig 2 Wochen reifen lassen.

Schauenburger

Die schwarzbraune, herzförmige Kirsche hat ein mild würziges Fruchtfleisch.

Rotweinkirschen mit Bündner Röteli-Kirschenlikör

750 g entsteinte Kirschen, z. B. Magda
3 dl/300 ml Rotwein, z. B. Veltliner
2 dl/200 ml Apfelsaft
150 g Zucker
1 Zimtstange
2 Zacken Sternanis
2 EL Maisstärke
4 EL Bündner Röteli-Kirschenlikör

1 Rotwein, Apfelsaft, Zucker und Gewürze in einem Topf aufkochen und bei schwacher Hitze 10 Minuten ziehen lassen. Kirschen beifügen, nochmals aufkochen. Maisstärke mit dem Bündner Röteli-Kirschenlikör glattrühren, unter die Kirschen rühren, nochmals 2 Minuten kochen.
2 Rotweinkirschen kochendheiß in Einmachgläser füllen, sofort verschließen. Abkühlen lassen. Kühl und dunkel lagern.

Serviervorschlag

Die Rotweinkirschen mit Desserts wie Grießflammeri, Eiscremes und Halbgefrorenem kombinieren. Das Kompott kann auch püriert und als Fruchtsauce verwendet werden.

Magda

Sehr große, braunschwarze Kirsche, sehr saftig, angenehmes Aroma.

Kirschenkonfitüre mit Pfiff

1 kg entsteinte Kirschen, z. B. Regina
700 g Zucker
3 dl/300 ml roter Johannisbeersaft
50 g feine Ingwerscheiben
½ dl/50 ml Trauben-Kirschbrand, Kirsch von Wildkirschen

1 Kirschen, Zucker und Johannisbeersaft in einer Schüssel mischen. Über Nacht zugedeckt reifen lassen.
2 Eingelegte Kirschen und Ingwerscheiben in einem Topf aufkochen, bei mittlerer Hitze auf die gewünschte Konsistenz einkochen. Den Kirsch unterrühren.
3 Die kochendheiße Kirschenkonfitüre sofort in Konfitürengläser füllen und verschließen. Abkühlen lassen. Kühl und dunkel lagern.

Verwendung

Diese Konfitüre eignet sich zum Veredeln von Saucen, zu Wild- und Geflügelgerichten. Sie kann auch zu Terrinen oder Frischkäse serviert werden.

Regina

Herzförmige, dunkelrote Kirsche mit glänzendem, festem Fruchtfleisch.

Herzkirschenkonfitüre

1 kg entsteinte Herzkirschen
300 g abgestreifte Johannisbeeren
750 g Zucker
3 dl/300 ml Süßwein, z. B. Sauternes oder Trockenbeeren-Auslese
2 Vanilleschoten, aufgeschnitten
2 Msp Cayennepfeffer
½ dl/50 ml Weichselkirsch

1 Kirschen, Johannisbeeren und Zucker in einer Schüssel mischen. Über Nacht zugedeckt reifen lassen.
2 Süßwein mit den Vanilleschoten in einem Pfännchen auf die Hälfte einkochen lassen. Das Vanillemark abstreifen und zum Süßwein geben.
3 Kirschen-Johannisbeeren-Mix und Süßwein in einen Topf geben, aufkochen, bei mittlerer Hitze auf die gewünschte Dicke einkochen. Mit dem Cayennepfeffer abrunden.
4 Kirschenkonfitüre kochendheiß in Konfitürengläser füllen. Jedes Glas mit Weichselkirsch auffüllen. Die Konfitürengläser sofort verschließen. Abkühlen lassen. Kühl und dunkel lagern.

Weichselkirschensirup

1 kg entsteinte Weichselkirschen
1 kg Zucker
1 unbehandelte Orange, fein abgeriebene Schale
10 g getrocknete Hagebutten

1 Die Zutaten in einer Schüssel mischen. Über Nacht stehen lassen.
2 Den Schüsselinhalt kräftig rühren, dann in ein Passiersieb geben, den Saft auffangen, Kirschen sanft ausdrücken.
3 Kirschensaft in einem Topf bei mittlerer Hitze kochen, bis er eine sirupartige Konsistenz hat.
4 Kirschensirup kochendheiß in Flaschen füllen, sofort verschließen. Abkühlen lassen. Kühl und dunkel lagern.

Kirschen-Johannisbeer-Gewürz-Sirup

2 kg entsteinte Kirschen, z. B. Kordia
500 g Johannisbeeren
250 g Zucker
2½ dl/250 ml Wasser
10 zerdrückte Koriandersamen
1 Gewürznelke
1 kleine getrocknete Chilischote
2 Zitronen, Saft

1 Kirschen und Johannisbeeren im Dampfgarer oder Entsafter entsaften.
2 Den Zucker mit dem Wasser und den Gewürzen in einem Pfännchen aufkochen und zu einem dickflüssigen Sirup einkochen. Apfel-Johannisbeer-Saft zugeben, aufkochen, bei schwacher Hitze 10 Minuten kochen. Zitronensaft zugeben, nochmals aufkochen, durch ein feines Sieb passieren.
3 Kirschen-Johannisbeer-Sirup kochendheiß in Flaschen füllen. Sofort verschließen. Abkühlen lassen. Kühl und dunkel lagern.

Tipp

Den Sirup am besten in Fläschchen zu 2 dl/200 ml füllen, weil er, einmal geöffnet, nicht lange haltbar ist.

Kordia

Große violettbraune bis braunschwarze Kirsche mit einer erfrischenden Säure.

Kompott von Schattenmorellen

500 g entsteinte Schattenmorellen
2 EL Akazienhonig
1 EL Zitronensaft
4 EL Weichsel-Kirschensirup, Seite 85
1 dl/100 ml Moscato d'Asti

1 Akazienhonig. Zitronensaft, Kirschensirup und Moscato d'Asti leicht erwärmen und über die Kirschen gießen. Zugedeckt 1 Stunde ziehen lassen. Die Kirschen in ein Sieb abgießen, den Kirschensaft auffangen.
2 Den Kirschensaft aufkochen. Die Kirschen zugeben, aufkochen, zugedeckt auskühlen lassen. Die Kirschen in ein Sieb abgießen, den Kirschensaft auffangen.
3 Kirschensaft in einem Pfännchen sirupartig einkochen lassen, mit den Kirschen mischen.
4 Kirschenkompott in Einmachgläser füllen und sofort verschließen. Abkühlen lassen. Kühl und dunkel lagern.

Schattenmorelle

Die Schattenmorelle ist die weltweit am meisten angebaute Sauerkirschensorte. Ihr Name leitet sich nicht, wie etwa vermutet werden könnte, von «Schatten» ab, sondern von «château» für Schloss.

Kirsch mit dem Gütesiegel «Kirsch Suisse»

Wo Schweizer Kirschen drin sind

Genießen Sie Schweizer Kirsch, der aus inländischen Kirschen gebrannt worden ist? Laut Gesetz ist es nämlich auch möglich, dass Schweizer Kirsch ausländischen Rohstoff enthält. Anders bei Kirsch mit dem Gütesiegel «Kirsch Suisse». Hier können Sie sich darauf verlassen, dass der Edelbrand zu 100 % aus der Schweiz stammt.

18 Schweizer Brennereien zeichnen heute Kirsch-Edelbrände mit diesem Gütesiegel aus. Sie und ihre Kirschenproduzenten haben sich zur Interessengemeinschaft «Schweizer Kirsch aus 100 % Schweizer Kirschen» zusammengeschlossen. Die Organisation will die Brennkirschenproduktion in der Schweiz erhalten und das Image von echtem Schweizer Kirsch verbessern. Zudem leistet sie einen Beitrag zum Umwelt- und Landschaftsschutz: Brennkirschen stammen durchwegs von ökologisch wertvollen, hochstämmigen Kirschenbäumen.

Schweizer Kirsch aus 100 % Schweizer Kirschen ist ein ehrliches und ursprüngliches Produkt für Genießer. Er ist ein standfester Vertreter einer urschweizerisch gepflegten Tradition. Produziert wird der Kirsch in Brennereien in der Zentralschweiz, im Baselbiet und im Aargau.

Mehr dazu unter www.kirschsuisse.ch.

Das Gütesiegel für 100 % Schweizer Qualität
Das Zertifikatslogo wird nach strengen Richtlinien vergeben. Es wird nur an Schweizer Brennereien vergeben, die belegen, dass die Produktion der Früchte, die Fermentierung, der Brennvorgang, die Lagerung und das Abfüllen von Schweizer Kirsch aus 100 % Schweizer Kirschen innerhalb der Schweizer Landesgrenze stattfindet.

Neugierig? Infos gibt es bei:
IG Schweizer Kirsch aus 100 % Schweizer Kirschen
Schweizerischer Obstverband
Baarerstr. 88, 6302 Zug, Tel. 041 728 68 68
sov@swissfruit.ch; www.kirschsuisse.ch;
www.swissfruit.ch

Hier wird Schweizer Kirsch aus 100 % Schweizer Kirschen produziert:
Gebr. Amstutz AG, 6402 Merlischachen
Arnold Dettling AG, 6440 Brunnen
Brennerei-Zentrum Bauernhof, 6340 Baar
Diwisa Distillerie Willisau AG, 6130 Willisau
Etter Söhne AG, 6300 Zug
Gunzwiler Destillate, Urs Hecht AG, 6222 Gunzwil
Martin Häseli, 5073 Gipf-Oberfrick
Hecht Distillerie AG, 6204 Sempach Stadt
Humbel Spezialitätenbrennerei AG, 5608 Stetten
Landtwing Rütter AG, 6331 Hünenberg
Xaver Moos, 6300 Zug
Nebiker AG, 4450 Sissach
Räber AG, 6403 Küssnacht a. R.
Karl Sigrist-Erb, 6045 Meggen
Karl Ulrich, 6403 Küssnacht a. R.
Weiss zum Erlenbach AG, 6330 Cham
Wirz Obstbau und Brennerei, 4418 Reigoldswil
Ernst Zuber AG, 4422 Arisdorf